水平社宣言・解放歌

守安敏司
藤田 正
朝治 武

解放出版社

はじめに

語り継がれ歌い継がれている水平社創立宣言と水平歌（解放歌）。

本書は、いまも大切にされている水平社創立宣言と水平歌の意味やその背景を、若い世代にもわかりやすいように解説しました。

水平歌が生まれたいきさつや、解放歌として歌われ続けている“歌”としての力を語り、宣言を新しい試みで読み解きました。

また、宣言の作成や創立大会にまつわる謎に迫り、綱領や決議のもつ意味を知ることで、水平社創立当時の熱い心に触れていただけることでしょう。

本書には、解放歌の楽譜、水平社宣言の英訳なども掲載し、CDを付けて解放歌や宣言朗読などを収録しましたので、幅広く活用いただけると思います。

なお本文中では、読みやすくするために原資料にはない読みがなをふり、新字を使いました。

「水平社宣言」「解放歌」の意味や誕生の背景がわかると、もっと身近に感じていただけると思います。

著者を代表して　守安敏司

協力一覧（50音順・敬称略）

大阪人権博物館

小森　恵

作田　晃

水平社博物館

部落解放・人権研究所

部落解放同盟長野県連合会

本願寺同朋センター

松本　龍

山本隆俊

(有)ブレスト音楽出版

水平社宣言・解放歌　目次

はじめに　3

水平歌（解放歌） トゲあるイバラを先頭に……………………… 藤田　正　9

❶ 水平歌は、うたって気持ちいい　9
❷ さまざまな部落解放歌がありました　10
❸ ヒット曲「嗚呼玉杯に花うけて」の影響力　13
❹ ハード・コア・ラップ「穢多と非人の名によりて」　15
❺「水平歌」のあとに続いた後輩たち　18

（楽譜と歌詞）　解放歌／母は闘わん／差別裁判うちくだこう　22〜26

謎と感動の全国水平社創立宣言……………………… 守安敏司　27

❶ 全国水平社創立宣言　27
❷ 報道に見る全国水平社創立大会宣言　33
❸ 多くの謎　38
❹ その後の創立宣言　48

「全国水平社創立宣言」全文と英訳　52

「綱領・宣言」と「則・決議」　54

目標を示した全国水平社創立綱領……………………朝治 武 57

❶ 歓喜と拍手による採択 57

❷ 自主解放の精神 59

❸ 経済と職業の自由の要求 61

❹ 人類最高の完成 64

❺ 新しい綱領への変更 65

「全国水平社創立綱領」全文と英訳 69

運動方針としての全国水平社創立大会決議……朝治 武 70

❶ 拍手喝采で可決された決議 70

❷ 差別に対する徹底的糺弾の闘い 72

❸ 団結と統一を図るための機関誌『水平』 73

❹ 東西両本願寺への抗議行動 76

CD 水平社宣言・解放歌……巻末

水平歌（解放歌）トゲあるイバラを先頭に

藤田 正

❶ 水平歌は、うたって気持ちいい

悲壮と勇壮。

「水平歌」は、この二つの言葉が紡（つむ）ぎだす色合いのなかを泳ぎつづけてきた歌です。

ある人にすれば、「水平歌」をうたったことで、部落出身者であることが知れてしまい過酷な差別を受けた記憶が呼び起こされます。寝た子を起こすまいという気分が、いまよりもずっと支配的であった時代、意を決して「水平歌」をうたった人びとの感情からは、歌に差別の重圧が映し込まれていたはずです。

あるいは逆に、こう言う人もいます。

「（水平歌は）うたっていて気持ちええです」

人気ロック・バンド、ソウル・フラワー・ユニオンの分派であるソウル・フラワー・モノノケ・サミットは「水平歌」を持ち歌にするバンドですが、リーダーの中川敬（なかがわたかし）さんは、あっさりとこう答えます。実際、モノノケ・サミットがうたう「水平歌」はチンドン屋風ににぎにぎしく、アップテンポで、見事に力強い仕上がりです。

ああ解放の旗高く　水平線にひるがえり　光と使命を荷（にな）い立つ
三百万の兄弟は　今や奴隷の鉄鎖（てっさ）断（た）ち　自由のためにたたかわん

〈1番〉

「水平歌」は、狭山事件の「差別裁判うちくだこう」や「母は闘わん」

とともに、部落解放運動のなかでひときわ大切にされてきたテーマ・ソングです。けれども一般にテーマ・ソングといわれて思い浮かぶイメージと「水平歌」がもつ味わいは、かなり異なります。「水平歌」は悲哀をたっぷり込めてうたおうとするのであれば、メロディも詞もそれにきっちりと応えてくれます。その逆もまたしかり。そこが面白いのです。

「水平歌」が長くうたいつがれてきたのは、過去の指導者たちの決定によるとはよく耳にする言葉ですが、歌はそんな権威づけだけで、「普段着」の「いろんな感情に対応できるもの」として生き残ることはできません。モノノケ・サミットのような日本の民衆歌を追い求める現代の若いグループが、名曲として選んだりはしないと私は思います。

❷ さまざまな部落解放歌がありました

こんにちの部落解放運動の画期となる全国水平社が結成されたのは、1922（大正11）年３月のことです。

この時代、水平運動の歌とは「水平歌」だけではなかったのです。朝治武さんによる論考「水平歌物語—歌は運動をうつす鏡」によれば、全国水平社の呼びかけにより、あるいは各地域の水平運動を組織化した人たちが、みずから歌（詞）をつくり、ビラや会報に刷り込んで配布し、いろいろな解放の歌ができあがりました。

たとえば次のような曲もありました。

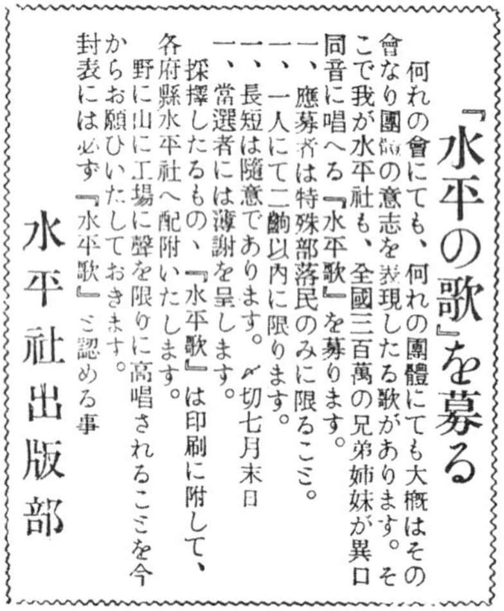
『水平の歌』を募る

何れの會にても、何れの團體にても大概はその會なり團體の意志を表現したる歌があります。そこで我が水平社も、全國三百萬の兄弟姉妹が異口同音に唱へる『水平歌』を募ります。

一、應募者は特殊部落民のみに限ること。
一、一人にて二篇以内に限ります。
一、長短は隨意であります。〆切七月末日
一、當選者には薄謝を呈します。

採擇したるもの、『水平歌』は印刷に附して、各府縣水平社へ配附いたします。

野に山に工場に聲を限りに高唱されることを今からお願ひいたしておきます。

封表には必ず『水平歌』と認める事

水平社出版部

『水平の歌』を募る『水平』第１巻第１号に掲載（水平社博物館所蔵）

橘香り潮匂う　御霊の里のはらからよ
愛宕の山は清けれど　人の呪の尽きずして
幾夜を流す有田川　この人生を如何にせん

浄瑠璃の愁嘆場に使われても雰囲気ぴったりの抒情をもつ詞です。

この歌は、1922年に全国水平社創立メンバーの一人である西光万吉さんによってつくられたものといわれています。題名は「庄水平社の歌」。七五の組み合わせを６度くりかえして１番を終える、流れるような言葉づかいが特徴の歌です。

次のような歌もあります。

思えば癪じゃ故郷じゃ　地主の奴等に騙されて
親爺と兄貴の小作人　我等は此所で弾の的

これは有名な軍歌「戦友」（直下飛泉作詞、三善和気作曲）の替え歌の２番です。題名は「ここはお国の何百里」。部落の児童が中心となって結成された岡山・錦織ピオニール（大久保無産少年団）による作品で、時期は1931年、満州事変の頃だといいます。

日露戦争のときにつくられた元歌は、軍律を犯してまでも傷ついた戦友を助けようとする一種の厭戦歌ですが、その気分をも錦織ピオニールは受けついでいるはずです。

「ここはお国の何百里」、あるいは「庄水平社の歌」を見てもわかるように、部落解放運動のすそ野が広がっていった時代、一連の解放歌は水平運動そのものと寄り添いながら文化的潮流を形づくりました。

朝治武さんによる先の論考は水平運動のなかから生まれ出た歌詞を細かに調べ上げた貴重な文書であり、私もこれに全面的に寄りかかりながら書いているのですが、同論文には計29の作品が発見されたものとして挙げられています。

このうち、水平社創立期から31年までの10年間に発表された歌（詞）は29作中26曲。各地の水平社は全国水平社設立の翌年末までに240もつくられていますから、猛烈な組織化の勢いとともに、自分たちの歌をつくろうとする気運が高まっていったのでしょう。

確かに10年間で30曲に満たないというのは数としては少ないように見えます。しかし、彼らのなかには西光万吉さんのような文学の才を備えた人物もいたにはちがいありませんが、その多くはそれぞれが別に仕事をもちながら運動のために東奔西走（とうほんせいそう）していた人間たちであったことを考慮に入れる必要があります。

そんな彼らが活動のかたわら詞を創作し、仲間とガリ版を刷りました。しかも法による発禁処分、ビラの没収、弾圧も覚悟のうえでした。

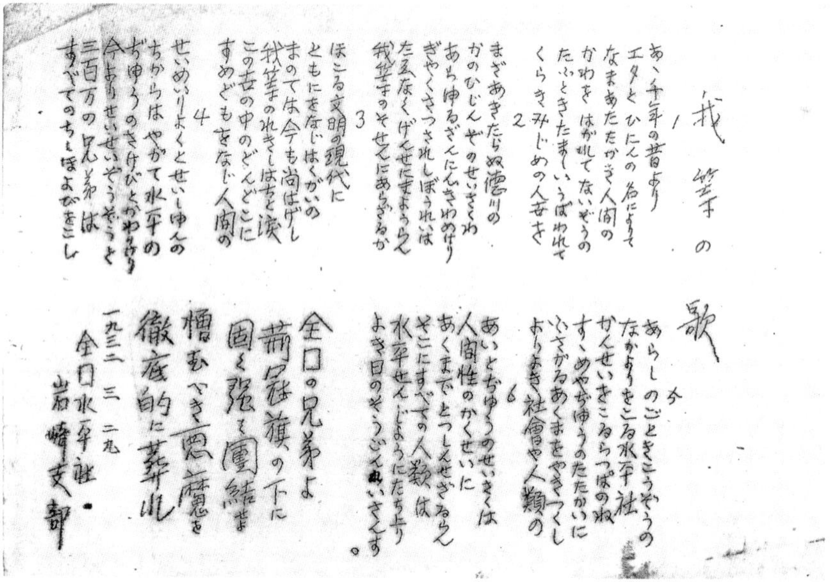
我等の歌

1
あゝ千年の昔より
エタとひにんの名によりて
なまあたたかき人間の
かわをはがれてないぞうの
たふときたましいうばわれて
くらきみじめの人生き

2
まざあきたらぬ徳川の
かのひじんぞのせいさくわ
あちゆるざんにんきわめけり
ぎゃくさつされしぼうれいは
たえなくげんせにまようらん
我等のそせんにあらざるか

3
ほこる文明の現代に
ともにきなじはくがいの
まので今も尚はげし
我等のれきしは血と涙
この世の中のどんどこに
すめども我ら人間の

4
せいめいりよくとせいしゆんの
ちからはやがて水平の
ぢゆうのさけびとかわりけり
今よりせいせいぞうぞうと
三百万の兄弟は
すべてのちをほよびをこし

5
あらしのごとききこうぞうの
なかよりおこる水平社
かんせいきこゑらつぱのね
すゝめやぢゆうのたたかいに
ふさがるあくまをやきつくし
おりよき社會や人類の

6
あいとぢゆうのせいきくは
人間性のかくせいに
あくまでとつしんせざるらん
そこにすべての人類は
水平せんじようにたち上り
よき日のそうごんれいさんす。

全日の兄弟よ
荊冠旗の下に
固く強く團結せよ
憎むべき悪魔を
徹底的に葬れ

一九三二 三 二九
全日水平社・
岩崎支部

全国水平社岩崎支部「我等の歌」（水平社博物館所蔵）

おそらく当時の人びとの目に触れることもなく消えていった解放歌は、まだまだあったはずです。

❸ ヒット曲「鳴呼玉杯に花うけて」の影響力

当時の部落解放の歌を見ながら興味を惹かれる一つは、詞はつくってもメロディや節は有名な歌・音曲から借りていることです（不明のものもあります）。

たとえば「吾々兄弟姉妹及反対する人々の前で」と題された1920年代半ばに発表された曲には、「関の五本松、どどいつ、安来節、デカンショ、籠の鳥（此の五ツの節で歌えます）」と但し書きがなされています。

誰にでも口ずさめるようにとの気配りです。

こんにち「解放歌」と名前を替えてうたいつがれている「水平歌」を書いた柴田啓蔵さん本人になると少しニュアンスが違って、メロディを「一高寮歌のものであるは承知ながら、他に頼むところがなかった」とやや残念そうに書き記しています（「随想三題」）。

ですが、これはいまの常識から考えればであって、当時の大衆社会においてメロディの拝借はごく一般的なやり方でした。

とくに旧制一高・東寮の寮歌、正式には「鳴呼玉杯に花うけて／一高第12回記念祭寮歌」は、日本にレコード産業が始まる以前の1902（明治35）年に世に出て爆発的に巷へ広まった巨大な流行歌であり、このメロディに合わせるべくさまざまな新曲（歌詞）がつくられたことはよく知られています。築比地仲助の「革命の歌（鳴呼革命は近づけり）」（1911年）も、満友万太郎による「農民歌」（1923年）も、メロディは同じく「鳴呼玉杯に花うけて」でした。旧制一高による寮歌の影響力は仙台・二高、京都・三高、金沢・四高など各旧制高校を巻き込み「寮歌ブーム」を起こしました。そして労働運動や解放運動の現場、そして当時の重要な

「音楽メディア」であった壮士演歌（バイオリン演歌）にも、その影を深く落としたというわけです。

「ああ解放の旗高く……」と始まる「水平歌（現・解放歌）」は、当時、故郷の筑豊を離れ四国・旧制松山高校に学ぶ２年生（寮生）の柴田啓蔵さんが一人で書き上げたものでした（彼はその直後退学し、全九州水平社創立に全精力を傾けます）。

柴田さんは当時を思い出しながら、

「当時は『革命歌』というのがあって、よく歌われていましたが、我々の歌もぜひなからんといかん」

と考えました（「全九州水平社の創立 —『水平歌』は流れる」）。

柴田啓蔵　1982年撮影

彼の頭のなかにも、「革命歌」（「革命の歌」）や、その前年に奈良で発表されていた、後述するもう一つの「水平歌」などを通じて親しんでいたはずの一高寮歌が鳴っていたのでした。

高歌放吟（こうかほうぎん）。バンカラ。高下駄（たかげた）を響かせ、破いた学帽、腰には手拭（てぬぐ）いぶらさげて、季節関係なしにマントを羽織（はお）った男くさい学生たちの姿は、当時のハイファッションでした。そんな彼らが昼夜かまわず声を張り上げ自校を称えました。ちなみに「嗚呼玉杯に花うけて」は、学生たちが酒盛りをしているのではなく、そういうヤカラを見下して、俺たちは志高く「人生の偉業」を成し遂げるのだとうたっているのです。柴田啓蔵さんの「水平歌」は、水平社宣言を元にした詞作であることにちがいありませんが、こういった明治末期から大正期にかけての「蛮勇（ばんゆう）」の心意気をも確かに受けついでいるのです。

実は、一高寮歌は、明治から大正にかけての大衆が手を加えるという過程のなかで全国区となった歌です。

歌は、勇壮を誇った寮歌（日清・日露の優越的な気分）に、全国を覆う貧困や戦争の暗い予感を加え、悲しみをたたえたメロディへと変化しました。言葉として、力強さと悲しみは正反対の感情ですが、歌にあっては両者を無理なく溶け込ませることは可能です。「水平歌」はこの当時の大衆の気持ちをすくい取った「新・一高寮歌」をベースとし、部落出身者の団結をうたいあげたのでした。

「水平歌」の作詞者たちは、心の奥底の感情の選択として、ただたんに流行歌だからと一高寮歌を選んだのではないのだと私は思います。

④ ハード・コア・ラップ「穢多と非人の名によりて」

「水平歌」は、柴田啓蔵さんによる１曲だけでもありませんでした。

朝治武さんによる「水平運動に関する歌一覧」には、同じ題名をもつものだけでもほかに三つある、としています。そのなかで、つとに有名な詞が阪本清一郎（さかもとせいいちろう）さん、あるいは西光万吉さんがつくったとされる「水平歌」です（1922年の作）。

　鳴呼千年の古きより　穢多と非人の名によりて
　なま暖き人間の　皮はハガれて内臓の
　尊き魂も奪われて　暗きみじめな人生を

これが１番目。メロディはもちろん一高寮歌です。柴田版では解放運動の象徴である荊冠旗（けいかんき）の力強くひるがえるシーンから始まりますが、こちらは先祖の過酷な境遇を掘り起こし、後半に至って「すべての血潮呼び醒（さま）し」と盛り上げてゆきます。

一見するところ、こちらの「水平歌」は物語の運び方として「じっくり盛り上げ型」であるがゆえに、漢文調の柴田版よりも嘆きの色合いが強いように思えます。しかしこれはうたってみれば印象が違ってきます。つまり前半は凄まじい怒りを溜めに溜め、後半からは、ラストのすべての人間は平等ではないかという大きなテーマに向かいながら、その熱が一息ずつ吐き出されるというシカケがなされているからです。

それは具体的にいいますと１番にある「みじめな人生を」や、３番の「同じ人間の」など、最後の言葉が次番の冒頭部へとかかっていく配慮がなされていることでもわかります。こういう作法は、文楽や河内音頭など、物語の緊迫感を切らさないで次の展開へともち込んでしまう芸能と感覚的によく似ているはずです。

私は、関西（奈良）に拠点を張っていた指導者である阪本清一郎さんなり西光万吉さんなりは、無意識のうちに、関西芸能における言葉のノリを「水平歌」に取り入れていたのではないかとすら思うのです。メロディは洋楽的であるのに、言葉の微細な揺れとリズム感によって、河内音頭など日本の土俗的な芸能が保ちもつ「懐かしさ」の琴線に触れることにも成功しています。

奈良に生まれたこの「水平歌」は、発表されてからしばらく近畿地方の活動家を中心にして集会やさまざまな活動の現場で広範囲にうたわれていました。けれども1926年、全国水平社第５回大会（福岡大会）に「水平歌」の統一が提案されたことに端を発し、そして翌々年の28年に井元麟之さん（後の部落解放全国委員会書記長）が水平社大阪本部の常任となってからは、彼の主導により柴田さん作の「水平歌」へと一本化されていきました。

二人横綱から時代は一人横綱の時代へと代わったのです。

井元さんは前出の対談記事「全九州水平社の創立」で「水平歌(嗚呼千年の……)」を指して、「どうも文句もねえ、文学的にもあまり良くなかったからねえ。この歌はダメだ」と切り捨て御免の評価を下しています。

第5回全国水平社大会記念写真（松本龍提供）

井元さんの判断はとても残念です。私から言わせれば、井元さんは、歌とはすなわち歌詞であるという通念にしばられ過ぎています（当時の知識人の大半がそうでしたが）。歌は人が口に出してこそ歌です。この大前提を踏まえていえば、「コトダマを虚空（こくう）に飛ばす」という点において、「嗚呼千年の……」は柴田作品よりも優れています。私のような邦楽も洋楽も関係なく聞いている者からすれば、「嗚呼千年の……」の強烈な文句、および口調は、ラップ・ミュージックのなかでも「ハード・コア」（過激もの）と分類されるものとそっくりです。私が初めてこの詞を見たとき、すごくカッコイイとさえ思いました。

一方、のちに「解放歌」となる柴田啓蔵さんの「水平歌」は、これが当時の高校2年生が考え出した作品とは、にわかには信じられない完成度の高さを誇っています。メロディがもつ凛（りん）としたイメージを念頭におき、そこに水平社宣言のエッセンスを十全に生かしきろうとする熱意と知性は、７番まである歌詞の一言一言にはっきりと聞き取ることができます。

とくにラストの７番に「殉義（じゅんぎ）」という造語をフック（人の気を惹くポイント）に使うところは、なかなかのもの。知られるように「殉義」とは、「正義に殉ずる、正義のために命をかけて闘うという意味」です。これを「殉教」としたのでは「宗教的な意味あいが強くなる」と判断した、柴田さんならではの苦心の結果でした（柴田啓蔵『あゝ解放の旗高く ―「解放歌」の意味』）。柴田さんも、ハード・コアに洒落（しゃれ）た人でした。

⑤「水平歌」のあとに続いた後輩たち

部落解放運動のための歌は全国水平社が登場した時期に集中しています。そのあとは狭山事件をうたった1970年の「差別裁判うちくだこう」（作田晃作詞・作曲）まで、目立ったものが見当たらなくなります。部落解放同盟が代表的な解放の歌をまとめたのは、1977年のアルバム『きょうだい』が初めてでした。当時その実質的な責任者の一人だった山本隆俊（りゅうしゅん）さん（現・茨木市市会議員）は、次のように語ります。

アルバム『きょうだい』1977年

「水平社が活動しはじめた大正デモクラシーの頃から、ぼくらの70年前後まで時間が空いてます。新しい歌がもう一度出てきたのは狭山の差別裁判で若者が盛り上がってからでしょう。あの時代は、いろんな運動体でもアコーディオンを弾いてみんなが肩組んでうたうというのがなくなってきて、岡林信康とかが出てきた頃です。でもぼくらの運動では、いまだに〈ターンタタターン〉（水平歌の曲調）やった。ぼくはビートルズ世代やし、そういうのにごっつ疑問をもってたからロックでやってやろうと。だから自分たちで歌をつくりはじめたんです。でも創作的なことをやってんのはほかにほとんどいなかったですね。村に残っている伝承歌はあったとしても、部落問題をとおして新しく曲をつくったというのは、大阪ではぼくらぐらいやったと思います」

この活動のなかから「母は闘わん」（作田晃作詞・作曲）、「解放の夕焼け（識字学級より）」（山本隆俊作詞・作曲）、「解放子どもの会のうた（沢良宜子ども会のうた）」（沢良宜子ども会作詞・作曲）など新しい解放の歌が生まれ出ました。

「歌が出てくるのは運動の高揚期です」と言うのは朝治武さんです。

「そういう意味で、狭山裁判まで戦後は大衆運動として（新しい歌の出番は）なかったと思います。一時期、かつての水平社も社会主義の影響を受けたときもありました。そのときは『水平歌』と『インターナショナル』で歌をまとめようとしたこともありましたが、それも一部分でしたね。こんにちの感覚からすれば『インターナショナル』も解放運動の現場で頻繁にうたわれたというようなイメージが強いんですが、そう多くはないと思います。自由民権運動以来の日本の歌の伝統が強いと思います。解放運動は基本的に各地域のさまざまな考えや思想をもつ人たちが支えてきたんです。その思いが、一つに集まったのが戦後では石川一雄さんの狭山事件やったんやと思います。歌は、そのなかから出てきました」

では、いまはどうでしょう。この稿の冒頭に紹介したソウル・フラワーの中川敬さんは、

「（「水平歌」は）うたっていて気持ちええです。この曲のメロディに使われた『嗚呼玉杯に花うけて』が大ヒットしたのがよくわかるし、詞に

は水平社の運動にかかわった当時の人の気持ちがこもってます。なにしろ自分たちの命の問題を扱った歌ですから」

メロディを他人から借りた時代から「70年代フォーク／ロックの時代」を経て、「水平歌」は日本の大衆歌／民衆歌の名曲として問い直そうとする人たちが出てきたのが、現在です。モノノケ・サミットは、震災に遭った神戸の人びとを中心に「インターナショナル」や「アリラン」といった歌をうたっています。そのなかに「水平歌（解放歌）」もあります。彼らは「美しき天然」も「聞け万国の労働者」も取り上げています。

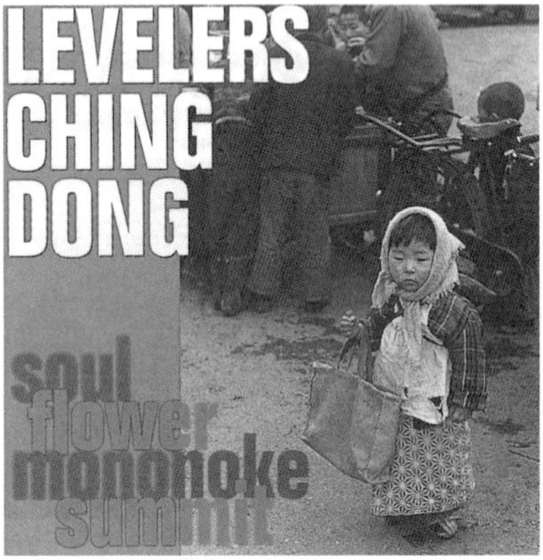

『レヴェラーズ・チンドン』ソウル・フラワー・モノノケ・サミット/リスペクト/RES21/1997年

確かに「水平歌」は軽々しい歌ではありません。「水平歌」は命を賭けて差別と闘うことを宣言した歌です。「水平歌」は「だんご三兄弟」と同じではありません。しかしそのような歌だからといって、「みんなのうた」になる資格がないとは誰にも言えないのです。歌は開かれたものであり、それを心からうたいあげたモノノケ・サミットから出た言葉が「うたっていて気持ちええ」とは、「水平歌」が本当の名曲であるゆえんではないでしょうか。

であればこそ、なおさらこの歌は、そしてもう一つの「水平歌」も、多くの人たちのものとして現在に現れるべきなのかもしれません。

個人の感想を言わせてもらえば、柴田さん作の「水平歌（解放歌）」は、何度読み返してもアメリカ黒人のソウル・ミュージックや霊歌に聞こえるのです。これは本当に日本でつくられた歌かとすら思うこともたびたびです。あるいはもう一方の「水平歌（嗚呼千年の……）」は、先に触れたラップ、そして、1970年代、ジャマイカのレゲエが最高潮であった頃の名曲「スレイヴァリー・デイズ（奴隷の時代）」などと、立場も発言もそっくりなのです。

これまでこういう解釈は、「水平歌」にあってなされてきたのかどうかは知りませんが、偶然の一致ではないでしょう。彼ら黒人も自分の命を賭けて自分の思いを込めたことにより、このような二者の近似を得たのです。そしてこれらの黒人音楽は、その「悲壮と勇壮」ゆえに世界的音楽としての位置を獲得したのでした。

大切な歴史、そしてその反映である作品群に、もう一つの光を当てることで、歌は新たな輝きを得ます。

その試みの一つが、70年代の新作群だったのであろうし、モノノケ・サミットによる新解釈であろうし、沖縄の喜納昌吉、あるいは九州を中心に活動する願児我楽夢（がんじがらめ）といったアマチュア・バンドが試みる、アイヌや朝鮮半島、アジアまでをもふくんだ独自の解放歌をうたう大衆レベルの音楽家の活躍であろうと思うのです。

●取材協力：中川敬氏、朝治武氏、山本隆俊氏
●初出：『部落解放』第462号　1999年12月（藤田正『メッセージ・ソング』解放出版社　2000年刊行に収載）

●ソング・ファイル：（CD）『レヴェラーズ・チンドン』ソウル・フラワー・モノノケ・サミット　リスペクト　RES21　1997／『熱と光を』願児我楽夢 2　WERK 6112　1998
（LP）『きょうだい　部落解放のうた 第一集』部落解放同盟中央本部　レコード〈きょうだい〉制作委員会　1977

参考文献●朝治武「水平歌物語―歌は運動をうつす鏡」『部落解放史ふくおか』第75、76号合併号　1994年12月
柴田啓蔵「随想三題」『部落解放史ふくおか』第４号　1976年５月
柴田啓蔵、井元麟之ほかの座談会「全九州水平社の創立―『水平歌』は流れる」『部落解放史ふくおか』第２号　1975年10月
柴田啓蔵『あゝ解放の旗高く―「解放歌」の意味』福岡部落史研究会　1979年

解放歌

原曲／嗚呼玉杯に花うけて

あ あ か い ほ う の　は た た か く　す い へ い せ ん に
ひ る が え り　ひ か り と し め い を に な い た つ
さ ん びゃくま ん の ー きょう だ い は　い ま や ー ど れ い の
て っ さ た ち　じ ゆ う の た め に　た た か わ ん

解放歌　作詞：柴田啓蔵〈CD収録歌詞〉

一　ああ解放の旗高く　水平線にひるがえり
　　光と使命を荷い立つ　三百万の兄弟は
　　今や奴隷の鉄鎖断ち　自由のためにたたかわん

二　われらはかつて炎天下　地に足やきしはだしの子
　　惨虐の鞭ふるるとき　鮮血かざる荊棘の
　　断頭台下露しげく　鬼哭啾々地は暗し

三　鬼神もおののく迫害や　天地も震う圧制に
　　魂砕き胸破り　恨みをこめて永えの
　　墳墓にさらす屍の　上に築きし奴隷国

四　櫛風沐雨千余年　九天めぐる太陽も
　　蒼穹さゆる月さえも　われらのために照らざりき
　　狂宴乱舞に散る花も　われらのために咲かざりき

五　ああ虐げに苦しめる　三百万の兄弟よ
　　踏みにじられしわが正義　奪い返すは今なるぞ

　　涙は憂いのためならず　決然立って武装せよ
六　一致団結死を契い　堂々正義のみちゆかん
　　行くて遮ぎるものあらば　断々乎として破砕せよ
　　われらを阻むものあらば　一刀両断あらんのみ
七　ああ友愛の熱き血を　結ぶわれらが団結の
　　力はやがて憂いなき　全人類の祝福を
　　飾る未来の建設に　殉義の星と輝かん

水平歌　作詞：柴田啓蔵

一　ああ解放の旗高く　水平線にひるがへり
　　光りと使命を荷ひ立つ　三百万の兄弟は
　　今や奴隷の鉄鎖たち　自由のために戦はん
二　我等はかつて炎天下　地に足やきしはだしの子
　　惨虐の鞭ふるる時　鮮血かざるけいきょくの
　　断頭台下露しげく　鬼哭湫々地は暗し
三　鬼神もおののく迫害や　天地もふるう圧制に
　　魂くだきむね破り　恨みをうずめてとこしゑの
　　墳墓にさらす屍の　上にきづきしどれい国
四　シツ風淋雨千余年　九天まわる太陽も
　　蒼穹さゆる月さへも　我等のためにてらざりき
　　狂宴乱舞に散る花も　われらのために咲かざりき
五　あゝしひたげに苦しめる　三百万の兄弟よ
　　ふみにじられし我正義　うばひかへすは今なるぞ
　　なみだはうれひのためならず　決然立って武装せよ
六　一致だんけつ死をちかひ　堂々正義の道行かん
　　われらをはゞむ者あらば　断々ことして破砕せよ
　　行途さへぎる者あらば　一刀両断あらんのみ

七　あゝ友愛のあつき血を　むすぶ我等がだんけつの
偉力はやがてうれひ無き　全人類の祝福を
かざる未来の建設に　殉義の星と輝かん
水平社万歳—

〈全九州水平社の活動家・山本作馬旧蔵資料より〉

水平歌　作詞：阪本清一郎と思われる

一　嗚呼千年の古きより　穢多と非人の名によりて
なま暖き人間の　皮はハガれて内臓の
尊き魂も奪われて　暗きみじめな人生を
二　未だあきたらずや徳川の　彼の非人道の政策は
あらゆる残忍極めける　虐殺されし亡霊は
絶なく現世に迷ふらん　我等の祖先にあらざるか
三　誇る文明の現代に　共に同じ迫害の
魔の手は今もなほはげし　我等の歴史は血と涙
この世の中のドン底に　住めども同じ人間の
四　生命力と精神の　力はやがて逆害（はんぎゃく）の
呪のほのほと変りけり　今こそ起り狂い起て
三百万の同胞（きょうだい）は　すべての血潮呼び醒し
五　嵐の如き行動の　中より聞ゆる革命歌
かん声起るラッパの音　進め自由の戦へ
ふさがる悪魔を焼き尽し　よりよき社会や人類の
六　愛と自由の生活は　人間性の完性（ママ）に
あくまで突進せざるらめ　そこにすべての人類は
水平線上に立ち上り　よき日の壮（ママ）厳礼讃す

〈大福水平社の活動家・山本平信資料より〉

母は闘わん

作田　晃　作詞・作曲

母は闘わん

一　赤々と　燃えるなかで

あげたこぶしに　ちかいあい

差別迫害　なくすため

母は解放のため　たたかわん

二　むすんだ　ハチマキで

ふぶきのなかで　さけぶのも

二度とゆるさぬ　差別のため

母は解放のため　たたかわん

三　どんな　差別にも

たたかう子どもを　つくるため

兄弟姉妹と　手をつなぎ

母は解放のため　たたかわん

差別裁判うちくだこう

さべつさいばん

作田　晃　作詞・作曲
1970年国民大行動隊

差別裁判うちくだこう

一　西から東に　無実をさけび
　　荊冠旗のもと　われらは進む
　　差別裁判　うちくだこう
　　差別裁判　うちくだこう

二　狭山差別の　裁判を
　　だんこわれらは　たたかわん
　　石川青年　とりもどそう
　　石川青年　とりもどそう

三　わが行動隊　無実をさけび
　　三百万の　きょうだいと
　　差別裁判　うちくだこう
　　差別裁判　うちくだこう

謎と感動の全国水平社創立宣言

守安敏司

1922（大正11）年３月３日、京都市岡崎公会堂で創立大会を開催した全国水平社は、その20年の歴史において、16回の大会をおこない、３、７、８回大会を除いて可決されなかった草案も含め、13の大会宣言を提案してきました。

しかし、いまでも私たちが繰り返し接し、最も親しみを持ち、感動を覚える宣言といえば、創立大会において満場一致で採択されたあの「水平社宣言」でしょう。本書では、他の全国水平社大会の宣言と区別するために、創立大会での宣言を全国水平社創立宣言（以降、創立宣言）と呼ぶことにしましょう。

少しの間、創立宣言の起草経過や起草者たち、さまざまなテキスト、感動の内容、また謎に迫りたいと思います。創立宣言が発する熱と光に耳を傾けてください。

❶ 全国水平社創立宣言

創立大会当日

さて、いよいよ1922年３月３日、全国水平社創立大会当日を迎えました。『水平』第１巻第１号によれば、春の日に輝く京都市岡崎公会堂の前には、「三百万人の絶対解放、特殊部落民の大同団結、全国水平社創立大会、午後一時より」と大きく書かれ、「解放、団結、自由」と書かれた旗がひるがえっていました。当日の天気は、「春光に輝く」とされ、平野小劔（ひらのしょうけん）さんの「水平運動に走るまで」でも、「夜来よりの雨は激しく午前九時頃まで降つた。雨は止んだ。太陽はギラ々（ギラ）と光りを射した」と

全国水平社の創立者たち　左から平野小劒、米田富、南梅吉、駒井喜作、
阪本清一郎、西光万吉、桜田規矩三（水平社博物館提供）

書かれ晴天とされていますが、米田富さんが記した奈良県御所市の水平社博物館に遺る『全国水平社連盟本部日誌』によれば、「曇天」となっています。実際が曇天であったとしても、多くの困難を乗り越えて創立大会を迎えた創立者たちにとっては、太陽が燦々と降り注ぐ春の一日と感じられたのでしょう。

朗読者・駒井喜作

創立大会は、南梅吉さんの開会の辞、阪本清一郎さんの経過報告、桜田規矩三さんの綱領朗読の後、ついに駒井喜作さんの創立宣言の朗読の場面となります。

それでは、駒井さんに登壇いただいて、これまでの創立宣言の研究を参考に、朗読された駒井さんの想いに触れてみましょう。

宣言

【駒井】 桜田さんの綱領が始まった。次はいよいよ、私の宣言朗読の番や。阪本さんから、「お前は、演歌師をやってたことがあるから、声もよう通るやろから、宣言の朗読をやれ」と言われたが、えらい緊張するなあ。さっきも、阪本さんが「普通の朗読とは違うのやで、これは我々が永劫末代（えいごうまつだい）忘れることのできないものだという気持ちを離さずに、初めから終わりまで落ち着いて読んでくれ」と念を押されてしもた。うまいこと読めるやろか。

あっ、綱領が終わった。ついに出番や。

全国に散在する吾が特殊部落民よ団結せよ。

【駒井】 マルクスゆう人の『共産党宣言』の最初の「万国の労働者よ団結せよ」と比べても勝るとも劣らんええ出だしや。私らの仲間は全国に散らばってる。私の親戚（しんせき）も奈良市にも京都にもおる。散らばってる吾々（われわれ）がいまこそ、団結せなあかんのや。「特殊部落民」は、吾々にお役人がつけた最も差別的な言葉や。でもそのことを卑下（ひげ）するのではなしに、誇りに思い、その言葉による差別を差別者に投げ返すのや。

長い間虐（いじ）められて来た兄弟よ、過去半世紀間に種々なる方法と、多くの人々とによつてなされた吾等の為の運動が、何等の有難い効果を齎（もた）らさなかつた事実は、夫等（それら）のすべてが吾々によつて、又他の人々によつて毎（つね）に人間を冒瀆（ぼうとく）されていた罰であつたのだ。

【駒井】 これまで吾々のためを思ってやられてきた運動、ムラや郡や警察のお偉方の集まった矯風会の運動、帝国公道会の運動は何一つ吾々のためにならなかった。部落民だけで作った大和同志会も、確かに、吾々の自立を説いてはる。けど、それで一般の人が吾々への差別をなくしたか。差別は続いてる。差別を糺（ただ）す行動が必要や。それがなかったから、吾々は差別されたまま冒瀆され続けてきたんや。

そしてこれ等の人間を勦（いたわ）るかの如き運動は、かへつて多くの兄弟を堕落させた事を想へば、此際吾等の中より人間を尊敬する事によつて自ら解放せんとする者の集団運動を起せるは、寧（むし）ろ必然である。

【駒井】 そして、そんな人間をダメにするような運動が、吾々を差別の中に甘んじさせるという堕落を強いてきたんや。だから、だからこそいまこそ、吾々部落民が団結して運動を立ち挙げないかんのや。『どん底』のサーチンやないけど、吾々を解放するためには、人間を尊敬することが基本や。

兄弟よ、吾々の祖先は自由、平等の渇仰者であり、実行者であつた。陋劣（ろうれつ）なる階級政策の犠牲者であり男らしき産業的殉教者であつたのだ、ケモノの皮剥（は）ぐ報酬として、生々しき人間の皮を剥取られ、ケモノの心臓を裂く代価として、暖い人間の心臓を引裂かれ、そこへ下らない嘲笑の唾（つば）まで吐きかけられた呪はれの夜の悪夢のうちにも、なお誇り得る人間の血は、涸れずにあつた。

【駒井】 吾々の先祖は自由と平等を常に追い求めてきた。しかし権力者は吾々に犠牲を強いた。吾々は、牛を屠（ほふ）り肉を提供し、その皮で太鼓や甲冑（かっちゅう）をつくり、骨をゆで、墨を生み出してきた。吾々は立派な生産者なのだ。だが、その報酬はなんだったろう。吾々は皮を剥がれ、心臓を引き裂かれ、そこに唾まで吐きかけられたのだ。そんな時代が長く永く続いた。そんななかでも、吾々は誇りを持って人間として生きてきたんだ。

そうだ、そして吾々は、この血を享(う)けて人間が神にかわらうとする時代にあうたのだ。犠牲者がその烙印(らくいん)を投げ返す時が来たのだ。殉教者が、その荊冠を祝福される時が来たのだ。

吾々が、エタである事を誇り得る時が来たのだ。

【駒井】そうや、ついに吾々は絶対的だった神に代わって、人間が無限の可能性を持った者として尊敬される時代に巡り合ったんだ。犠牲者であった吾々が立ち上がり、世界から祝福されるとき、つまり吾々がエタであることを誰に恥じることもなく、卑下せずに誇りにする時代がやってきたんだ。

吾々は、かならず卑屈なる言葉と怯懦(きょうだ)なる行為によつて、祖先を辱(はずか)しめ、人間を冒瀆してはならぬ。そうして人の世の冷たさが、何(ど)んなに冷たいか、人間を勦はる事が何(な)んであるかをよく知つてゐる吾々は、心から人生の熱と光を願求礼讃(がんぐらいさん)するものである。

【駒井】吾々は絶対に卑屈な言葉や卑怯な行動で、誇り高い生産者として生きてきた先祖やいま生きているすべての人びとを冒瀆してはいかん。人の世がどれほど冷たいか、人間をだめにすることがどれほど酷(ひど)いことなのかを知っている吾々は、心の底からこの世のあらゆるもの・生きとし生けるものが幸せであり、一人一人の人生が熱と光に満ち満ちることを求め讃えるのだ。

あかん、涙で前が見えん、字が読めん……。でも最後までがんばるぞ。

水平社は、かくして生れた。

人の世に熱あれ、人間に光あれ。

大正十一年三月

水平社

「駒井氏の一句は一句より強く一語は一語より感激し来り、三千の会衆皆な声をのみ面を伏せ歔欷の声四方に起る、氏は読了つてなお降壇を忘れ、沈痛の気、堂に満ち、悲壮の感、人に迫る、やがて天地も震動せんばかりの大拍手と歓呼となつた」（『水平』第１巻第１号）

「勦る」（「勦はる」）と「労る」

創立宣言の内容についての研究は盛んで、西口敏夫『水平社宣言讃歌』、前田一良「水平社宣言の思想」、美作修「『水平社宣言』の思想」、福田雅子『証言・全国水平社』、住井すゑ・福田雅子『水平社宣言を読む』、朝治武・小正路淑泰「水平社宣言を読み解く」、朝治武「全国水平社宣言―水平運動の理念」、師岡佑行編『米田富と水平社のこころ』、部落解放・人権研究所『水平社宣言・綱領』などがあります。

どの研究もすばらしいものですが、創立宣言で２カ所出てくる「勦る」（「勦はる」）の解釈が曖昧にされている点があります。これについては、美作さんが「『水平社宣言』の思想」で書いておられるように「勦る」（「勦はる」）の意味は、「かすめる、盗む、盗みとる、滅ぼす」という意味で、創立宣言の中では、「人間をだめにする」という意味になります。つまりは、いま、私たちが通常使っている「労る」（いたわる）の「ねぎらう、慰める」を意味してはいない、というよりも、まったく逆の意味を示しているのが創立宣言で使われた「勦る」（「勦はる」）という言葉であったのです。

この解釈の間違いは、特に同和教育のなかで、子どもたちに創立宣言の意味を理解させようとするときに起こっているようです。創立宣言の意味を正確に次世代に伝えるためにも、正しい解釈が必要でしょう。

「人間」と「兄弟」・「男らしき」

また、創立宣言のキーワードの一つに「エタである事を」誇ることがありますが、同時に、創立宣言には「人間」という言葉が、10回も使われています。ここには、「特殊部落民」と呼ばれ、「エタ」と蔑(さげす)まれても、「なほ誇り得る人間の血」が涸れずにあり、「エタ」であることを卑下することなく、その言葉を差別する社会に投げ返し、部落民として堂々と生きることで、まさに人間であることを宣言したのです。

同時に、世界に注目され日本で最初の「人権宣言」と評価された創立宣言が、差別への徹底した闘いと心底からの解放への希求を表明しながら、なぜ、「兄弟」「男らしき産業的殉教者」と女性を排除した形で、男性にのみ呼びかけられたのでしょうか。この限界性は、男性が女性に対してさまざまな社会的局面で歴史的に身につけてしまっている差別が、水平社の時代的な限界だけではなく、現在に生きるわれわれ男性にも問われているのです。

❷ 報道に見る全国水平社創立大会宣言

日本での報道

全国水平社創立大会は、駒井さんの創立宣言朗読の後、米田さんが決議を朗読し、終了しました。この創立大会の様子を日本の新聞各紙は、次のように伝えました。

☆『大阪毎日新聞』1922年3月4日夕刊

見出し「水平社の全国大会 差別撤廃を叫ぶ」

「綱領及び宣言を発表し決議文の朗読を終るや全国各部落から派遣された各代表者は交々立て熱弁を振い部落排斥圧迫の理由なきを訴え満場の血を湧かし（略）此日会衆七百で四時半散会した」

☆『大阪朝日新聞』1922年3月4日

見出し「特殊部落を尊称とす」

「差別撤廃を目的とする水平社創立総会を三日午後一時京都市公会堂で開催、出席者二千に及び多数の女性も交じつて（略）全国婦人代表岡部よし子、奈良県小学児童代表山田孝野次郎の可憐な演説には聴衆は涙を流した」

☆『大阪朝日新聞』京都付録 1922年3月4日

見出し「妙齢の婦人といたいけな児童も混じつて 解放を叫ぶ受難者の一団全国水平社創立総会 京都で三日午後一時開会さる」

「来会者は堂に満ち、其中数多の女性も交じつていた（略）岡部よし子、山田栄の両女性も壇上に現れて朱唇から火の如うな叫びを揚げ（略）山田孝野次郎君は（略）悲壮なそして力のある演説をして聴衆を鳴らせ且つ泣かしめた」宣言、決議を掲載。

☆『日出新聞』1922年3月4日

見出し「差別を撤廃せよ 一視同仁の統治下に在って謂われなき待遇の差別を憤る 水平社大会の人々」

「交々立つて差別的待遇の謂われなき事を弁じ聴衆又大いに此に賛し元気は一堂に漲つた」綱領、宣言、決議を掲載。

☆『中外日報』1922年3月5日

見出し「正義と人道に立脚して世の不合理をせめる 水平社創立大会」

「場内は異常の緊張を示し地方代表の演説に移るや正義を主張するもの、不合理なる一般民衆を呪うもの、資本主義の世界を打破せよと絶叫するもの、その声はすべて虐げられたる者の悲痛なる呻吟（しんぎん）でなくてはならない、而（しか）も君臨的同情的な差別撤廃を排して自発的に飽くまで進もうとする意気の強さは自覚せるもののおのずからなる威力であると思わしめた来会者は殆（ほと）んど七百」綱領、宣言、則、決議を掲載。

正十一年三月五日　中外日報　（日刊）　第六千七百

正義と人道に立脚して
世の不合理をせめる
水平社創立大會

昨報の如く全國水平社大會は一昨三日午後より京都市公會堂に於いて開かれた。南梅吉氏の開會の辭阪本清一郎氏の經過報告、櫻田規矩三氏の綱領朗讀、駒井喜作氏の宣言發表、米山富一氏の決議文朗讀等があり場内は異常の緊張を示し地方代表の演説に移るや正義を主張するもの、不合理なる一般民衆を呪ふもの、資本主義の世界を打破せよと絶叫するもの、その聲はすべて虐げられたる者の悲痛なる呻吟でなくてはならない、而も君臨的同情的な差別撤廢を排して自發的に飽くまで進まふとする意氣の强さは自覺せるものゝおのづからなる威力であると思はしめた來會者は殆んど七百午後四時過ぎ無事散會し、午後六時からは更に別館に移つて地方代表並に有志の協議會を開いた、綱領宣言等は左の如くである。

綱領

一、特殊部落民は部落民自身の行動によつて絶對の解放を期す

さによつてなされた吾等の爲めの運動が、何等の有難い効果を齎らさなかつた事實は、夫等のすべてが我々によつて、又他の人々によつて毎に人間を冒瀆されてゐた罰であつたのだ。そしてこれ等の人間を勦るかの如き運動は、かへつて多くの兄弟を墮落させた事を想へば、此際吾等の中より人間を尊敬する事によつて自ら解放せんとする者の集團運動を起せるは寧ろ必然である

兄弟よ、我々の祖先は自由、平等の渇仰者であり、實行者であつた。陋劣なる階級政策の犧牲者であり男らしき産業的殉教者であつたのだ。ケモノの皮剝ぐ報酬として、生々しき人間の皮を剝取られ、ケモノの心臟を裂く代價として、暖い人間の心臟を引裂かれ、そこへ下らない嘲笑の唾まで吐きかけられた呪はれの夜の惡夢のうちにも、なほ誇り得る人間の血は、涸れずにあつた。そうだ、そして我々は、この血を享けて人間が神にかわらうとする時代にあうたのだ。犧牲者がその烙印を投げ返す時が來たのだ。殉教者が、その荊冠を祝福される時が來たのだ。

我々がエタである事を誇り得る時が來たのだ。

我々は、かならず卑屈なる言葉と怯懦なる行爲によつて、祖先を辱しめ、人間を冒瀆してはならぬ。そうして人の世の冷たさが、何んなに冷たいか、人間を勦はる事が何んであるかをよく知つてゐる。我々は、心から人生の熱と光を願求禮讃するものである。

水平社は、かくして生れた。

人の世に熱あれ、人間に光あれ。

型を破れる
年忌法要

創立大会を報じた1922年 3 月 5 日付 『中外日報』（水平社博物館提供）

このように各紙とも、全国水平社の創立と部落差別撤廃に向けた参加者の意気込みと感動ぶりを忠実に報じました。

海外での報道

ところで、全国水平社創立者の一人である米田富さんは、講演や聞き取りの中で、創立宣言がアメリカやイギリス、ドイツそしてロシアの新

聞で世界的名文であり「日本における始めての人権宣言だという見出し」で紹介されていたと語っておられます。

しかし米田さんの言う水平社の創立に関しての当時の海外報道は、これまで確認がとれていませんでした。これまでは1920年代、フランス駐日大使であったポール・クローデルが、『孤独な帝国　日本の1920年代 ポール・クローデル外交書簡　1921-27』に「ごく最近 Eta は、組織の形をとってみずからの要求を訴えることを決定しました。彼らは〈水平社〉という組織をつくり、その創立大会が昨年三月三日に、第二回大会がさる三月二日に京都で行なわれました。日本全国五千二百ある〈部落〉から二千五百人の代表者が集まりました」と書いているのが、唯一、欧米人から見た「水平社」でした。

ところが、本書の出版に関わる調査のなかで、全国水平社の活動家であった北原泰作さんが自身の著書『賤民の後裔―わが屈辱と抵抗の半生』で、自らの「天皇直訴事件」が、1927年12月28日の『ロンドン・タイムズ』に取り上げられ、そのなかで、部落差別の歴史と部落解放運動の解説がなされたことを書かれていることが判りました。

さらに『融和事業研究』第11号に「ロンドン・タイムスに現はれたる部落問題 1927年12月18日『ロンドン・タイムス』」と題して、英文と訳が掲載されていることも判りました。ただこの紹介文は、『ロンドン・タイムズ』の発行日や英語の綴りに誤りがあり、正確さに欠けるものでしたので、今回、水平社博物館学芸員の駒井忠之さんに依頼し、『ロンドン・タイムズ』を検索して、1927年12月28日付の記事を確認することができました。その記事は、「OUTCASTS IN JAPAN」（日本の被差別民）と「THE HONOUR OF THE “ETA”」（「エタ」の誇り）という見出しで始まる長い記事で、直接は同年11月19日に起こった北原泰作さんによる「天皇直訴事件」の記事ですが、その中に、全国水平社創立と創立宣言、

『ロンドン・タイムズ』 1927年12月28日抜粋

In March, 1922, 2,500 delegates from Eta quarters assembled in Kyoto and formed the Suiheisha, literally, the Water-level Society. Its "platform" declares that the outcasts propose to achieve their emancipation by united action, demands economic liberty and liberty of occupation, and, not without eloquence, exhorts the pariahs to claim their rights : —

Our forbears were valiant fighters for liberty and equality, and were made martyrs to their vocations. For their degrading trade of skinning the animals they were stripped of their own skins ; They were laughed at, cursed at, spat upon, but bore their lot bravely. Now is the time for us to arise and cleanse the brand of martyrdom from our brows.

The Suiheisha did not propose to trust to declamation alone.

They announced their policy in a resolution which declared : —

If any insult is directed against us under the name of Eta, or specific people, by word or act, we shall take resolute steps to reprimand the offender.

【訳】

1922年３月、2500人の部落民の代表が京都に集まり、文字どおり水平な社会を意味する「水平社」を創立した。水平社の綱領は、特殊部落民は団結して解放を勝ちとることを宣言し、経済的自由と職業の自由を要求すると共に、声高らかに、部落民に権利を要求するよう訴えた。

「吾々の祖先は自由と平等の勇敢な闘士であり、自らの職業の殉教者となった。獣の皮を剥ぐ職業のために、自らの皮を剥ぎ取られた。吾々は嘲笑され、ののしられ、つばをはきかけられたが、その運命を勇敢に耐えた。いまこそ立ち上がり、額に刻まれた殉教の烙印を拭い去るときがきた」

水平社は熱弁だけに頼ろうとはしなかった。彼らは以下のような決議方針を発表した。

"もし我々が穢多や特殊民の名のもとに言葉または行動による侮辱をうけた場合、差別者に対して断固たる糾弾の手段をとる"

綱領、決議に関わる記事があったのです。

『ロンドン・タイムズ』は、1922年3月3日、京都に2500人の代表が集まり、文字どおり、「水平社会」を意味する水平社を創立したと述べ、続いて、創立大会の3綱領、さらに創立宣言の「吾々の祖先は」から「殉教者が、その荊冠を祝福される時が来たのだ」までの部分、また、決議の1「吾々ニ対シ穢多及ヒ特殊部落民ノ言行ニヨツテ侮辱ノ意志ヲ表示シタル時ハ徹底的糾弾ヲ為ス」を紹介しています。

創立大会直後ではないにしても、全国水平社の創立とその創立宣言が世界のマスコミから注目され、事実、報道されていたということはそれ自体画期的な出来事で、米田さんの証言も証明されたわけですが、それにしても、日本の被差別大衆を「Eta」と表記したポール・クローデルや『ロンドン・タイムズ』の記者は、きわめて差別的なその意味を知っていたのでしょうか。その表現を使用した情報源はどこであったのか大いに気になります。

❸ 多くの謎

「すみや」と角屋

創立宣言は、これまで西光万吉さんによって起草されたと考えられてきました。その前提に立ったうえで、創立宣言はいつ、どこで書かれたのでしょうか。

西光さんは、1952年3月に発行された雑誌『部落』第31号「水平社創立三十周年記念特集」に「青竹の荊冠旗」を発表し、京都島原遊郭(ゆうかく)の遊女屋「すみや」の物干し台で、1922年2月に創立宣言を書き始めたと語っています。

この作品は現実の出来事ではなく創作と考えてもいいのですが、西光さんは、1961年5月、『部落』第136号に掲載された座談会「水平社の生まれるまで」やテレビでのインタビュー（このインタビューは、奈良県御所市の水平社博物館で観ることができます）のなかでも、西光さんは同様のことを語っておられます。

さらに全国水平社創立者の一人である阪本清一郎さんは、福田雅子さんの著書『証言・全国水平社』で、福田さんの「西光さんが菜っ葉服を着て京都の『角屋』の物干し台で文章を練ったというエピソードがありますね」という問いに「事実です」と答えていますし、部落解放・人権研究所が発刊した『部落問題・人権事典』の「全国水平社創立宣言」の項目でも、「宣言は創立のオルグ活動のため京都ガス会社修理工となった西光万吉が、自由に出入りできた島原遊郭〈すみや〉の物干し台で2月起草」とされています。

ところが、当時、島原遊郭に「すみや」という屋号を持つ店舗はなかった、ということが判明しました。島原には「角屋」という料亭は存在しましたが、「すみや」という「遊女たちの腰巻き干し場」のある遊女屋はなかったというのです。財団法人角屋保存会の中川理事長は、「角屋には、現在はもちろん過去においても、屋上の物干し台が存在したことはない。角屋の物干し場は、裏庭の地上に設けられている」「もし現在の南北棟の台所棟を跨（また）がる形で物干し台があったとしたら、一階の大座敷の縁側から丸見えとなり、本来庭の景色を眺めるところが、舞台裏の物干し台を見せることとなり、庭園の風情が消えうせてしまう結果となる」「角屋は、現在はもちろん過去においても、遊女を雇用したことはない。したがって、遊女たちの腰巻きだけの物干し場は、存在しない」と実在する角屋が、西光さんの描いた「すみや」とはまったく異なった建物であると述べておられます。

中川さんへの調査を元に『部落解放研究』第112号に「『すみや』は角屋ではなかった—西光万吉の秘めた思い」を発表された宮橋國臣さんは、

なぜ西光さんが虚構の「すみや」を創作しなければならなかったのかについて、西光さんの心理の襞（ひだ）に立ち入り分析されていますが、問題は、テレビのインタビューや座談会で西光さんが繰り返し島原の「すみや」で創立宣言を起草したと述べ、あるいは本人以外の人までが、「すみや」は実在したと主張した結果、島原にある角屋と作品中の「すみや」が混同され、実在する「角屋」で西光さんが創立宣言を書いたという誤解が生まれ、「事実」として独り歩きしてきたことです。

後の、創立宣言の起草者についても同じようなことが言えるのですが、西光さんに作品中の「すみや」は、実在する角屋とは関係がないと訂正する機会は何度もあったと思いますが、そうはなりませんでした。

このように、西光さんがどこで創立宣言を書き始めたのかは不明ですが、ともあれ、西光さんの「青竹の荊冠旗」の「京都の二月」という表現に創作性あるいは虚構性は感じられませんので、西光さんが『よき日の為めに』を基礎に、2月には創立宣言の草案を書き出していたことは、ほぼ間違いないでしょう。

創立宣言起草に関わった人びと

先にも書きましたが、これまで創立宣言の起草者は、西光さん一人と考えられており、それが通説となっていました。西光さん自身も、前掲の座談会「水平社の生まれるまで」で「あの宣言の内容はわたしが自分ひとりで書いたものですよ」と単独起草を主張していました。

ところが、1967年5月の『部落』第216号では、一転して「当時平野さんに大添削をしていただいても、それ程に思わず忘れてしまったのでしょう。（略）ですから、平野様がそれほど添削して下さったことも忘れて、自分だけで書いたように思いこんでいました。平野様と皆様にお詫び申上げます。生きているうちにお詫びできてよかったと喜んでいます」と、同じく全国水平社創立者の一人である平野小劔さんの「大添削」を認められました。

さらに小笠原正仁さんによる阪口真道さんからの聞き取りによれば、1922年２月下旬、後に全国水平社初代執行委員長となる京都の南梅吉さんと西光さん、さらには奈良の阪本清一郎さん、米田富さんと思われる４人が、阪口さんの教専寺を訪問し、西光さんが阪口さんに14、５枚の全国水平社創立大会のための宣言文を見せ、意見を求め、阪口さんは、南さんの要望に応じ、佐野学さんの論文を多く引用している何か左翼のパンフレットのような宣言文の案を添削したといいます。

しかしながら、阪口さんの関与については、聞き取りをされた小笠原さん自身が「水平社宣言の起草に関わったとするこの阪口の証言は、残念ながら、事実であったと証明する根拠はどこにもない。逆に西光や他の創立メンバーらの回想によれば、否定的な証言ばかりである」と書かれており、信頼性が乏しいといわざるをえません。

では西光さんと平野さん以外の創立者たちの関与についてはどうでしょう。

前掲の座談会「水平社の生まれるまで」で、米田さんは、「あれは明後日が結成大会やという夜、宮本旅館の三階の片すみで西光さんが平野君と宣言について話しておった」と西光さんと平野さんの協議を認め、阪本さんは、1972年２月の『荊冠の友』第68号で、「宣言は西光君が起草したものをみんなで討議し、平野（小劔）君や近藤（光）君が少し手を入れたが殆んど原文のままでした」と創立者全員の関与を証言しています。

しかし、この阪本さんの証言でも、「討議」した時期がいつなのか不明ですし、西光さんと平野さんが協議していたという米田さんの記憶も、後の師岡佑行編『米田富と水平社のこころ』では変更され、人数が増えています。平野さんは、1925年の著書で2月28日に創立宣言を協議したと書いておられますが、翌年の著書では26日に協議となっており、関わった創立者も変更されています。わずか1年違いの平野さんの記述ですら異なっていますから、創立から50年あるいはそれ以上経過した時点での関係者の記憶もきわめて曖昧だといってよいでしょう。

朝治武さんは、『水平社の原像』で、創立宣言について「起草者・西光万吉、添削者・平野小劔」との視座から、創立宣言の平野さんが書かれた部分を大胆に推定しながら、創立宣言に関わった関係者を、「つまり、執筆関係者は西光と平野ということになり、具体的には西光自身がいうように、起草者が西光であり、添削者が平野であるということである。ただ、全国水平社創立宣言の執筆関係者としては西光と平野だけでなく、創立関係者であった阪本清一郎や駒井喜作、米田富、南梅吉らを排除するものではない」とし、さらに、「そもそも全国水平社創立宣言はだれが執筆しようと組織の立場で書かれたもの」と主張されています。現時点で私はこの主張が、起草者をめぐる歴史の記憶と論争に一定の結論を導いたと考えています。

開催日について

よく知られているように、全国水平社創立大会は1922年3月3日でした。全国水平社創立を報道面から応援した浄土真宗本願寺派の新聞『中外日報』は1922年2月16日、「発会間近になつた 平等会と水平社 其の前途には困難がある」という見出しで、創立大会開催日について、「一方京都を中心とする水平社は来月一日午後一時岡崎公会堂に於いて発会式を挙げ今後の活動方針に対して引続き協議会を開く予定になつて居る」と3月1日開催を報じています。

ところがその6日後の22日には、「元気を盛返した水平社 青年の理想は遂に孤ならず」の見出しで、「かくて昨報の如く三月三日（一日は会場に差閊（さしつかえ）あり日延）岡崎公会堂に於ける同社の創立大会は大阪に倍して盛大を極むる方であろうという」と開催日の変更を伝えているのです。

一方、創立者の中で開催日について言及しているのは、ただ一人、阪本さんだけです。前掲の座談会で、阪本さんは、「やはりわれわれの頭にうかんだのは明治維新ということですね。部落の解放維新をなしとげるんだと（略）それから三月三日をえらんだのは、桜田門の戦が頭にあったんですね。京都で、三月三日にということは割と早くから決まっていた」と述べ、開催日をなぜ3月3日にしたかのわけを明かしています。

阪本さんの証言が正しいとすれば、『中外日報』はなぜ開催まであと半月というときに開催日は3月1日と報じたのでしょうか。また、その6日後になされた開催日の変更理由が会場の岡崎公会堂の都合ということになっていますが、それも腑（ふ）に落ちません。3000人収容の公会堂がそう簡単に公会堂側の都合で、使用する団体の開催日程を変更するでしょうか。さらに主催する水平社側も、開催日直前に日程を変更することが可能だったのでしょうか。

実際、公会堂側の都合でそれまで3月1日開催であった予定が、急遽（きゅうきょ）2月下旬、3日に変更されたのであれば、阪本さんの桜田門外の変説は、後の創作となります。謎は深まります。

創立大会参加者数について

次は創立大会の参加者数です。報道された参加者数をみていきましょう。

『大阪毎日新聞』は「会衆七百 」、『大阪朝日新聞』は「出席者二千」、『大阪朝日新聞』京都付録は「来会者は堂に満ち」、『中外日報』は「来会者は殆んど七百」、『全国水平社連盟本部日誌』は「来会者　約三千人」、

『水平』第１巻第１号は「無慮三千人を容るに足る公会堂も満場立錐の余地なきに到り」、検事・長谷川寧『水平運動並に之に関する犯罪の研究』は「遂に大正十一年三月三日を以て京都岡崎公会堂に於て全国部落民の代表者約四千人が馳せ参じ」、『ロンドン・タイムズ』は「2,500 delegates」となっています。

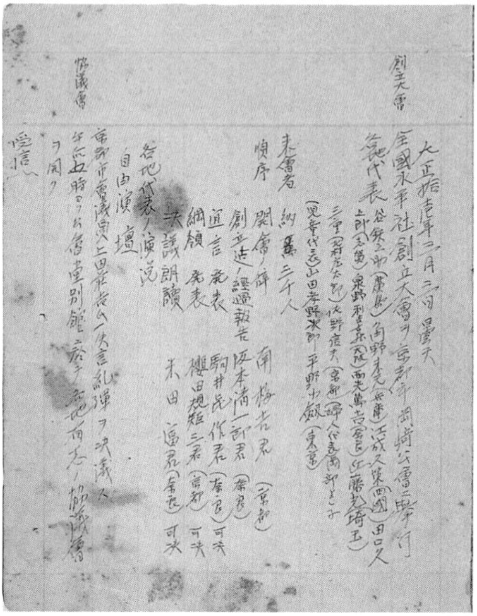

米田富が記した「連盟本部日誌」（水平社博物館所蔵）

また現在の『京都新聞』の前身である『日出新聞』は、創立大会前の記事で、参加予想者を１万人としていますし、水平社博物館で観ることのできる『全国水平社連盟本部日誌』にも「約」と「三千人」の間に、「一萬」と書かれ、それがペンで塗りつぶされているのです。

つまり、報道や資料を見る限りは、創立大会の参加者数には、１万人から700人の説があるのです。なかでも面白いのは、いわば権力側の長谷川検事がその研究の中で、主催者である水平社の人数よりも多い4000人を参加者としていることです。

では、本当の創立当日の参加者は何人だったのでしょうか。これまでそれは、大雑把な話ですが、2000人から3000人と言われてきました。それにはそれなりの根拠がありました。つまり、岡崎公会堂の収容人数が、１階で2000人、２階で1000人、合計3000人であることから、「堂に満ち」「満場立錐の余地なき」となり、参加者数は3000人とされてきた

岡崎公会堂とその内観
（水平社博物館提供）

のです。

　私は、1922年３月３日、全国水平社創立大会の参加者は、700人だったと考えています。その理由は、全国水平社の創立を全面的に支援した『中外日報』が「来会者は殆ど七百」と書き、他にも『大阪毎日新聞』が700人説をとっているからです。さらに『中外日報』は、たんに全国水平社創立を支持・支援しただけではなく、荒木素風さんや水平社発祥の地・南葛城郡掖上村柏原の誓願寺住職で、西光さんと長いつき合いがあり相談役でもあった三浦参玄洞さんらが、直接関わっていた報道機関であり、そうした関係からも3000人の参加者が事実であったとすれば、それをわざわざ700人と減らして伝える必要は一切なかったと考えるからです。

三浦参玄洞
（本願寺同朋センター所蔵）

当時のきわめて差別の厳しい時代に、差別からの解放への決意を固め全国から参加した700人の部落大衆が、創立大会に、創立宣言に感激し、各府県、各地域に帰郷し、あっという間に水平社を創り上げていきました。この事実については、とりわけ学校での同和教育の場で、正しく伝えていきたいものです。

ルビと日付の謎

創立宣言に戻りましょう。現在、残っていることが確認されている1922年3月3日に配布あるいは朗読された創立宣言は、私が知っている限り3部というきわめて少部数です。私は、「1922年3月3日に配布あるいは朗読された創立宣言」と妙な言い方をしました。つまり創立者の聞き取りからは、創立大会での印刷された創立宣言配布の有無について意見がまったく分かれているのです。阪本さんと西光さんは創立日に印刷物は何も配布していないと言い、米田さんは崇仁（すうじん）小学校所蔵版の創立宣言を印刷したと言い切っているのです。

このことについては、朝治さんも書いておられますが、創立の翌日それを報じた『大阪朝日新聞』京都付録と京都の地元紙『日出新聞』が創立宣言、綱領、決議を掲載していますので、そのためには現物を手に入れる必要があり、当然、その印刷物があったということになります。ただ、創立宣言の朗読を聴かれた方ならお判りかと思いますが、耳から入る創立宣言は眼で文字を追い、黙読するよりはるかに感動的で心を揺さぶります。そうした意味からも、印刷された創立宣言は存在しましたが、当日配布されなかったかもしれません。とすれば可能性は少ないですが、先の三人の創立者の意見は矛盾なくまとまります。

創立者のあいだでも、創立宣言が当日配布されたかどうかについての記憶に相違があること自体驚きですが、謎はさらに深まります。

改めて、創立宣言を見てください。創立大会以降に作られた宣言にはすべてルビ（振り仮名）がついているのですが、創立宣言にはルビが振ってありません。それに、3月の次に3日の日付がありません。

私は当初、ルビがないのは、当日印刷された創立宣言を配布せず、朗読するためそもそもルビの必要がなかったか、また、配布されたとしてルビがなかったとすれば、創立者たちが当時の被差別部落のなかでもそれなりの教育を受けた「知識人」であったために、文字を読めなかった多くの人びとへの配慮がなかったからと考えていました。

ところが、今回興味ある証言に出逢うことができました。前掲の『部落』第136号で米田さんは、「あれは明後日が結成大会という夜、その晩、桜田君に託して、明日中に印刷しないと間に合わないと、念をおして桜田君がひきうけて帰ったのをおぼえていますよ」と語り、また『部落』第226号「日本における人権宣言―水平社の結成まで」で、阪本さんは、「宣言、綱領、規約、決議の草案をつくるにしても、何べんも書きかえ、大会の前々日にやっと仕上げて、印刷に廻すという状態でした」と証言しているのです。

1922年は閏年（うるうどし）ではありませんので、2月は28日までです。つまり、阪本さんと米田さんの言う「明後日」「前々日」は、3月1日であり、創立宣言を印刷に回したのは大会前日の3月2日ということになるのです。このギリギリの創立宣言の完成、印刷で本当に翌日の3日午後1時の創立大会開催時間に間に合ったのかどうかも疑問が残りますが、証言を信じるとすれば、ここでの謎は氷解します。

創立宣言にルビがないのも、3日の日付が抜けているのも、創立宣言の完成と印刷へ回す期日が、創立大会の前日であったことにその原因があるのです。普通、印刷物を印刷所に頼むときは、原稿を渡して、印刷された原稿に間違いがないか何度かの校正作業をし、最終的に印刷物にします。

ところが、こと創立宣言に関しては、まったく校正をする時間的余裕がありませんでしたし、ルビを入れていれば印刷が間に合わなかったかもしれません。私は、ルビと日付の欠落はこの出稿即印刷という校正作業を抜いたことに原因があると考えています。美作さんは、前掲の「『水平社宣言』の思想」で、創立宣言の「そこへ下らない嘲笑の唾まで吐きかけられた呪はれの夜の悪夢のうちにも、なお誇り得る人間の血は、涸れずにあつた」の部分を、「吐きかけられた。呪われの夜」と句点を入れて読むのを間違いとされていますが、もしかしたら、この個所も校正がなかったために、本来あった句点が抜け落ちたのかもしれません。

④ その後の創立宣言

全国水平社創立大会で発せられた創立宣言は、その後どうなったのでしょうか。各府県水平社創立大会での創立宣言の扱われ方を、まず、『水平』第1巻第1号からみましょう。

1922年4月2日の京都府水平社創立大会では、「朝田善之助君は全国水平社共通の綱領、宣言を朗読するや満場拍手喝采を以て迎えた」とあり、14日の埼玉県水平社創立大会では、「成塚政之助君は全国共通の綱領、宣言を朗読し」、21日の三重県水平社創立大会は、「山田清之助君綱領、上田音市君宣言を朗読するや（全国共通のもの）拍手頻(しき)りに怒濤の如く暫(しば)し鳴り止ま」ず、5月10日の奈良県水平社創立大会でも、「綱領と宣言（全国共通のもの）が、次いで朗読」されています。翌1923年3月23日の関東水平社創立大会（『相愛』創刊号）、同年5月10日の山口県水平社創立大会（『防長水平』第2巻第1号）でも宣言は朗読されました。

なかでも、三重県水平社の宣言は、印刷されたものが残されています。内容は創立宣言とほぼ同様の内容で、そして当然といえば当然なのですが、宣言を発した主体が三重県水平社となっており、連名の形で「全国水平社連盟本部」が並記されています。『水平』第１巻第１号には、各府県創立大会でわざわざ「全国共通」と注釈を付けて宣言を朗読したとありますが、もちろん、三重県と同様、宣言主体は各府県水平社だったのでしょう。

このように各府県の水平社創立大会で創立宣言とほぼ同内容の宣言が朗読されたということは、創立宣言がいかに重要視されたかの証明だと思われます。

『水平』第１巻第１号の「水平運動日誌」には、1922年３月９日から４月30日までの間の、奈良県10、大阪府４、京都府１地域の水平社演説会や座談会の様子が報告されていますが、いずれも紙幅の関係からか、宣言が朗読されたとは書かれていません。しかしながら、奈良県の梅戸水平社の機関誌『燃え挙る心』第２巻第１号には、創立宣言が載っていますし、同じく奈良県石上水平社機関誌『人類愛』には、論文中に創立宣言の一部が引用され、同年10月５日の石上水平社創立大会では、「水平社共通の綱領宣言」が朗読されたこと、翌年創立された奈良県岩崎水平社の機関誌『水平運動』にも綱領と宣言が掲載され、創立大会で宣言が朗読されたことが報告されています。

こうして創立宣言は、府県段階の水平社創立大会はもとより、各府県の地域、支部レベルでも、部落差別からの解放という決意を示す指標として大切にされ、現在においても、「人の世に熱あれ、人間に光あれ」と私たちに、人としていかに生きるべきかを指し示しています。

参考文献●『大阪毎日新聞』1922年３月４日夕刊
『大阪朝日新聞』1922年３月４日
『大阪朝日新聞』京都付録　1922年３月４日

『日出新聞』1922年３月４日
『中外日報』1922年３月５日
『水平』第１巻第１号　1922年７月
『水平』第１巻第２号　1922年11月
『燃え挙る心』第２巻第１号　1923年１月
『人類愛』創刊号　1923年11月
『防長水平』第２巻第１号　1924年１月
『相愛』創刊号　1924年２月
『水平運動』創刊号　1924年10月
『ロンドン・タイムズ』1927年12月28日
『融和事業研究』第11号　1930年７月
西光万吉「青竹の荊冠旗」『部落』第31号　1952年３月
座談会「水平社の生まれるまで」『部落』第136号　1961年５月
西口敏夫『水平社宣言讃歌』奈良県部落解放研究会　1971年
阪本清一郎「日本における人権宣言―水平社の結成まで」『部落』第297号　1971年10月
前田一良「水平社宣言の思想」『水平運動史の研究』第５巻　部落問題研究所　1972年
美作修「『水平社宣言』の思想」『部落解放』第179号　1982年３月
米田富「水平社の闘いに学ぶ」『全国水平社創立60周年記念講演』　鞍手郡民啓発実行委員会　1982年
福田雅子『証言・全国水平社』日本放送出版協会　1985年
住井すゑ・福田雅子『水平社宣言を読む』解放出版社　1989年
小笠原正仁「水平社宣言秘話―ある融和主義者の回顧」『部落解放』第339号　1992年３月
宮橋國臣「『すみや』は角屋ではなかった―西光万吉の秘めた思い」『部落解放研究』第112号　1996年10月
『孤独な帝国　日本の1920年代　ポール・クローデル外交書簡　1921−27』　奈良道子訳　草思社　1999年
朝治武・小正路淑泰「水平社宣言を読み解く」『部落解放史ふくおか』　第98号　2000年６月
渡部徹「全国水平社創立宣言」『部落問題・人権事典』部落解放・人権研究所　2001年
朝治武「全国水平社宣言―水平運動の理念」『水平社の原像』解放出版社　2001年
師岡佑行編『米田富と水平社のこころ』阿吽社　2001年
『水平社宣言・綱領』部落解放・人権研究所　2002年
宮崎芳彦「『水平社宣言』はだれが書いたか」『部落解放』第503号　2002年６月
朝治武「全国水平社創立をめぐる若干の問題」『部落解放』第508号　2002年10月

宣　言

全國に散在する吾が特殊部落民よ團結せよ。

長い間虐められて來た兄弟よ、過去半世紀間に種々なる方法と、多くの人々とによつてなされた吾等の爲めの運動が、何等の有難い効果を齎らさなかつた事實は、夫等のすべてが吾々によつて、又他の人々によつて毎に人間を冒瀆されてゐた罰であつたのだ。そしてこれ等の人間を勦るかの如き運動は、かへつて多くの兄弟を墮落させた事を想へば、此際吾等の中より人間を尊敬する事によつて自ら解放せんとする者の集團運動を起せるは、寧ろ必然である。

兄弟よ、 吾々の祖先は自由、平等の渇仰者であり、實行者であつた。陋劣なる階級政策の犠牲者であり男らしき産業的殉教者であつたのだ。ケモノの皮剥ぐ報酬として、生々しき人間の皮を剥取られ、ケモノの心臓を裂く代價として、暖い人間の心臓を引裂かれ、そこへ下らない嘲笑の唾まで吐きかけられた呪はれの夜の悪夢のうちにも、なほ誇り得る人間の血は、涸れずにあつた。そうだ、そして吾々は、この血を享けて人間が神にかわらうとする時代にあうたのだ。犠牲者がその烙印を投げ返す時が來たのだ。殉教者が、その荊冠を祝福される時が來たのだ。

吾々がエタである事を誇り得る時が來たのだ。

吾々は、かならず卑屈なる言葉と怯懦なる行爲によつて、祖先を辱しめ、人間を冒瀆してはならぬ。そうして人の世の冷たさが、何んなに冷たいか、人間を勦はる事が何んであるかをよく知つてゐる吾々は、心から人生の熱と光を願求禮讃するものである。

水平社は、かくして生れた。

人の世に熱あれ、人間に光あれ。

大正十一年三月

水平社

Declaration

Tokushu Burakumin throughout the country: Unite!

Long-suffering brothers! Over the past half century, the movements on our behalf by so many people and in such varied ways have yielded no appreciable results. This failure is the punishment we have incurred for permitting ourselves as well as others to debase our own human dignity. Previous movements, though seemingly motivated by compassion, actually corrupted many of our brothers. Thus, it is imperative that we now organize a new collective movement to emancipate ourselves by promoting respect for human dignity.

Brothers! Our ancestors pursued and practiced freedom and equality. They were the victims of base, contemptible class policies and they were the manly martyrs of industry. As a reward for skinning animals, they were stripped of their own living flesh; in return for tearing out the hearts of animals, their own warm human hearts were ripped apart. They were even spat upon with ridicule. Yet, all through these cursed nightmares, their human pride ran deep in their blood. Now, the time has come when we human beings, pulsing with this blood, are soon to regain our divine dignity. The time has come for the victims to throw off their stigma. The time has come for the blessing of the martyrs' crown of thorns.

The time has come when we can be proud of being Eta.

We must never again shame our ancestors and profane humanity through servile words and cowardly deeds. We, who know just how cold human society can be, who know what it is to be pitied, do fervently seek and adore the warmth and light of human life from deep within our hearts.

Thus is the Suiheisha born.

Let there be warmth in human society, let there be light in all human beings.

March 3, 1922

The Suiheisha

「全国水平社創立宣言」 全文と英訳（部落解放・人権研究所）

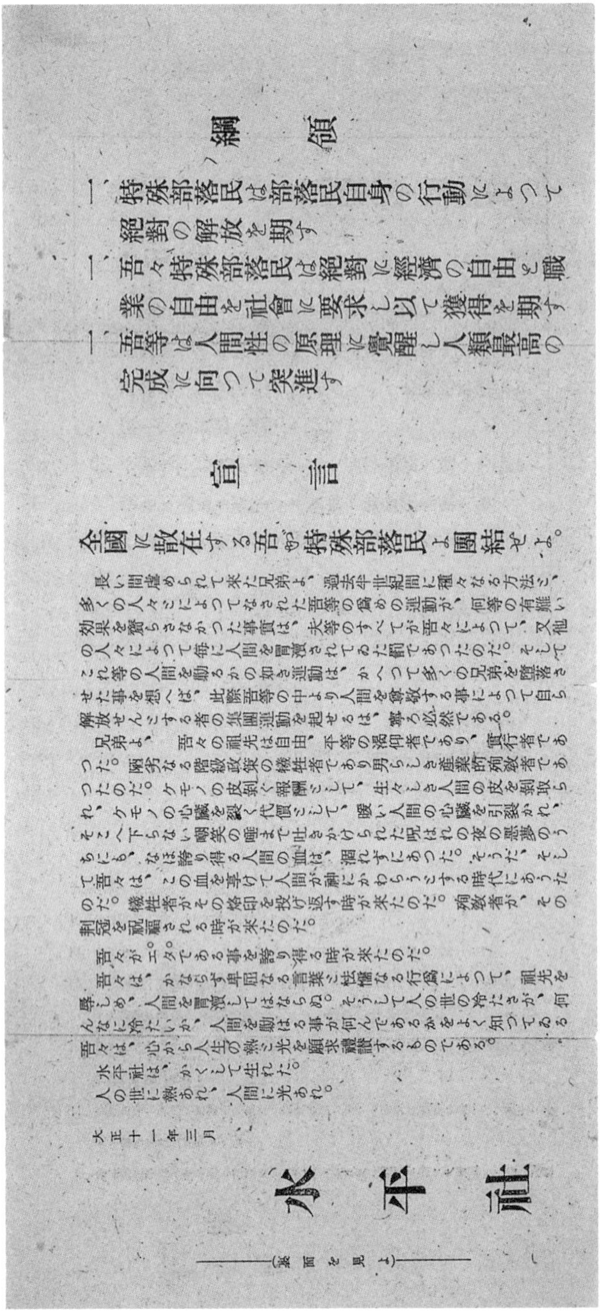
綱領

一、特殊部落民は部落民自身の行動によって絶對の解放を期す

一、吾々特殊部落民は絶對に經濟の自由と職業の自由を社會に要求し以て獲得を期す

一、吾等は人間性の原理に覺醒し人類最高の完成に向つて突進す

宣言

全國に散在する吾が特殊部落民よ團結せよ。

長い間虐められて來た兄弟よ、過去半世紀間に種々なる方法と、多くの人々とによつてなされた吾等の爲めの運動が、何等の有難い効果を齎らさなかつた事實は、夫等のすべてが吾々によつて、又他の人々によつて毎に人間を冒瀆されてゐた罰であつたのだ。そしてこれ等の人間を勦るかの如き運動は、かへつて多くの兄弟を墮落させた事を想へば、此際吾等の中より人間を尊敬する事によつて自ら解放せんとする者の集團運動を起せるは、寧ろ必然である。

兄弟よ、吾々の祖先は自由、平等の渇仰者であり、實行者であつた。陋劣なる階級政策の犧牲者であり男らしき産業的殉教者であつたのだ。ケモノの皮剥ぐ報酬として、生々しき人間の皮を剥取られ、ケモノの心臓を裂く代價として、暖い人間の心臓を引裂かれ、そこへ下らない嘲笑の唾まで吐きかけられた呪はれの夜の悪夢のうちにも、なほ誇り得る人間の血は、涸れずにあつた。そうだ、そして吾々は、この血を享けて人間が神にかわらうとする時代にあうたのだ。犧牲者がその烙印を投げ返す時が來たのだ。殉教者が、その荊冠を祝福される時が來たのだ。

吾々がエタである事を誇り得る時が來たのだ。

吾々は、かならず卑屈なる言葉と怯懦なる行爲によつて、祖先を辱しめ、人間を冒瀆してはならぬ。そうして人の世の冷たさが、何んなに冷たいか、人間を勦はる事が何んであるかをよく知つてゐる吾々は、心から人生の熱と光を願求禮讃するものである。

水平社は、かくして生れた。

人の世に熱あれ、人間に光あれ。

大正十一年三月

水平社

（裏面を見よ）

全国水平社創立時の「綱領・宣言」（水平社博物館提供）

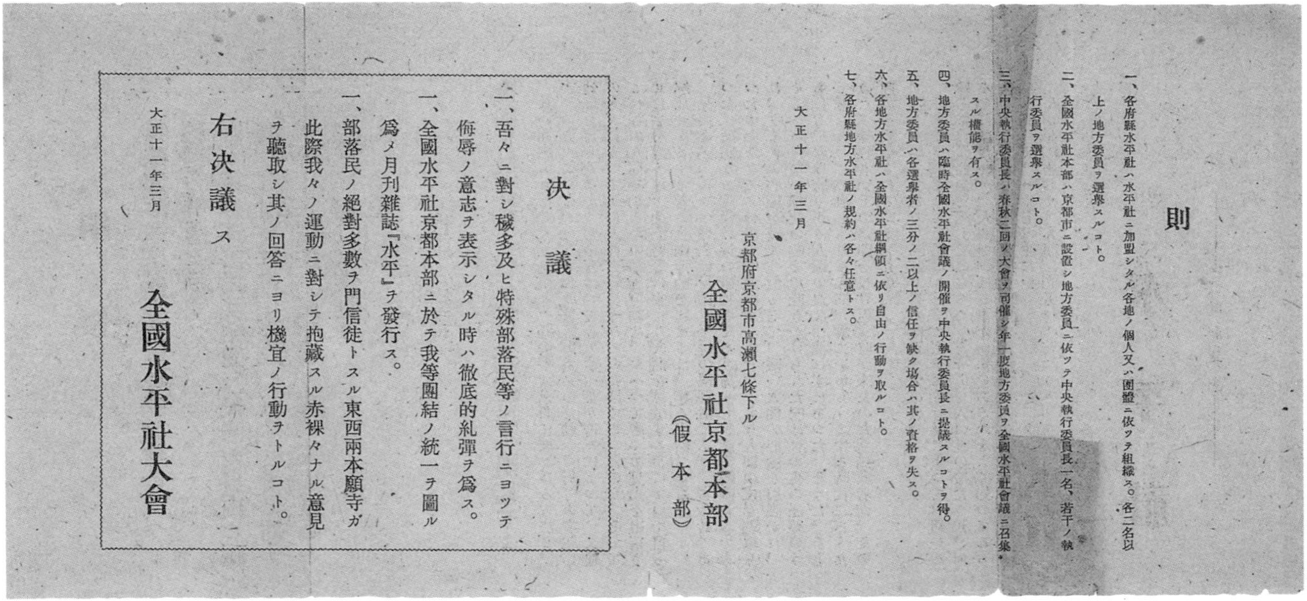

則

一、各府縣水平社ハ水平社ニ加盟シタル各地ノ個人又ハ團體ニ依ッテ組織ス。各二名以上ノ地方委員ヲ選擧スルコト。

二、全國水平社本部ハ京都市ニ設置シ地方委員ニ依ッテ中央執行委員長一名、若干ノ執行委員ヲ選擧スルコト。

三、中央執行委員長ハ春秋二回ノ大會ヲ司催シ年一度地方委員ヲ全國水平社會議ニ召集スル權能ヲ有ス。

四、地方委員ハ臨時全國水平社會議ノ開催ヲ中央執行委員長ニ提議スルコトヲ得。

五、地方委員ハ各選擧者ノ三分ノ二以上ノ信任ヲ缺ク場合ハ其ノ資格ヲ失ス。

六、各地方水平社ハ全國水平社綱領ニ依リ自由ノ行動ヲ取ルコト。

七、各府縣地方水平社ノ規約ハ各々任意トス。

大正十一年三月

京都府京都市高瀬七條下ル

全國水平社京都本部

（假本部）

決議

一、吾々ニ對シ穢多及ヒ特殊部落民等ノ言行ニヨッテ侮辱ノ意志ヲ表示シタル時ハ徹底的糺彈ヲ爲ス。

一、全國水平社京都本部ニ於テ我等團結ノ統一ヲ圖ル爲メ月刊雜誌『水平』ヲ發行ス。

一、部落民ノ絶對多數ヲ門信徒トスル東西兩本願寺ガ此際我々ノ運動ニ對シテ抱藏スル赤裸々ナル意見ヲ聽取シ其ノ回答ニヨリ機宜ノ行動ヲトルコト。

右決議ス

大正十一年三月

全國水平社大會

全国水平社創立時の「則・決議」（水平社博物館提供）

目標を示した全国水平社創立綱領

朝治 武

❶ 歓喜と拍手による採択

1922（大正11）年3月3日の全国水平社創立大会では、綱領が採択されました。綱領とは、政党や労働組合などの社会運動団体がおこなう運動の目標や方向、行動規範などを明らかにしたものをいいます。社会運動団体のひとつである全国水平社も、その創立にあたって綱領をもつことになったのです。創立大会で採択されたものといえば、創立宣言がよく知られています。しかし創立大会に提出されたビラの表面には創立宣言より先に次の綱領が載せられているように、社会運動団体としては綱領の方が創立宣言よりも重要なものと認識されていたと思われます。

綱領

一、特殊部落民は部落民自身の行動によつて絶対の解放を期す

一、吾々特殊部落民は絶対に経済の自由と職業の自由を社会に要求し以て獲得を期す

一、吾等は人間性の原理に覚醒し人類最高の完成に向つて突進す

年月と文書主体はありませんが、創立宣言と同じく「大正十一年三月」「水平社」であったと考えられます。綱領は3項目で構成され、簡潔ながらも明確な主張をもつ内容でした。創立大会では、京都の桜田規矩三さんによって朗読されました。桜田さんは京都市下京区東七条の裁縫業を営む自宅を全国水平社創立準備事務所として提供するなど、全国水平社創立に深く関わりました。また桜田さんは東七条において青年団活動

をおこない、労働組合の友愛会ともつながりをもっていました。創立大会の時点で桜田さんは26歳という若さであり、青年団運動などで演壇に立つこともあって声が通ったので綱領の朗読を任されたのでしょう。

『水平』第1巻第1号
（水平社博物館所蔵）

朗読後の様子を、全国水平社機関誌の『水平』第1号は「怒濤（どとう）のごとき歓聲（かんせい）、急霰（きゅうさん）の如き拍手は暫（しば）し止まなかつた」と記しました。実にむずかしい表現をしていますが、わかりやすくいうと約700人の参加者の荒れくるう大波のような歓びの声が創立大会の会場となった京都市岡崎公会堂いっぱいに響きわたり、霰（あられ）が急に降ってきたときの激しい音のような拍手はしばらくのあいだ止まなかった、ということでしょう。綱領については採決するというよりも、この歓声と拍手によって異議なく採択されたのでした。

全国水平社創立関係者の一人である平野小劔さんによると、綱領は創立宣言などとともに全国水平社創立直前の２月28日に京都駅前の宮本旅館において、南梅吉さんをはじめ西光万吉さん、阪本清一郎さん、駒井喜作さん、米田富さん、近藤光さん、平野さん、そして桜田さんらによって協議のうえ作成されました。第１項と第２項は東京で平野さんが考えたもので、第３項は阪本さんの考えたものでしたが、異論がまったく出ずにそのまま承認されたものでした。

福島出身の平野さんは、東京において印刷工によって組織された労働組合の信友会の活動家として名を馳（は）せていました。平野さんは労働運動の豊富な経験を生かして、綱領という考え方そのものと第１・２項を提

初期の活動家たち
左端中西千代子、その右篠崎蓮乗、西光万吉、楠川由久、平野小劔、後列は、左から駒井喜作、石田正治、米田富、泉野利喜蔵、山田孝野次郎、泉野熊太郎。西光の前に近藤光
（水平社博物館提供）

案したのでしょう。また阪本さんは西光さんと駒井さんをあわせた奈良の柏原三青年の長老格にあたり、水平社という名前を考えました。このことからも、阪本さんは綱領の第３項を提案するにふさわしい人物であったといえるでしょう。

綱領については、平野さんが本名の重吉という名前で全国水平社創立直後の1922年４月に『よき日の為めに』で、また全国水平社創立後に幹部となる栗須七郎（くりすしちろう）さんが1924年12月に『水平宣言』で、それぞれわかりやすい解説を試みました。この二人の解説に導かれながら、綱領の内容を見ていきましょう。

❷ 自主解放の精神

まず第１項の「一、特殊部落民は部落民自身の行動によつて絶対の解放を期す」は、部落民による自主解放の精神を表現したものといえます。ここでは、特殊部落民という言葉が出てきます。この言葉は1890年から政府へ府県の行政担当者によって使われはじめたもので、一般民衆に対比して差別的な意味をもつものでした。しかし全国水平社は、この差別的な意味をもつ特殊部落民という言葉を自分たちに対してあえて使うことによって、部落差別に反対する強い意志を表したのでした。

全国水平社創立大会直後の協議会では、岡山の融和運動家である岡崎熊吉さんが、この特殊部落という言葉を綱領から削るよう主張しました。しかし多くの青年は「『特殊部落』の名称を、反対に尊称たらしむるまでに、不断の努力をすること」を主張し、綱領は変更されませんでした。また第１項を提案した平野さんも特殊部落民という言葉が「尊き歴史上の名称」となり、「自ら社会に誇り得るときが来るまで、不断の努力を続けなければなりません」と、特殊部落民という言葉を使う意味を説明しました。

全国水平社が部落民自身の行動を強調したのは、部落民衆が歩んだ苦渋の歴史をふまえたものでした。1871年８月28日のいわゆる「解放令」によって、部落民衆は部落差別がなくなると期待していました。しかし部落民衆に対する差別はいっこうになくならないばかりか、ますます強まっていると感じられるほどでした。

そこで部落差別の原因は部落民衆の生活や風俗にあるとして、1890年頃から部落改善運動が起こるようになりました。しかし全国水平社は改善されるべきは部落民衆の生活や風俗ではなく、差別をしている社会や一般民衆だと考えました。また部落民衆と一般民衆との融和、すなわち仲良くして一体となるという融和運動といわれるものも、1910年頃から起こされました。しかし融和運動はきわめて部落外からの同情的なものであったため部落民衆にとって喜ばしいものではなかったので、全国水平社からはまったく効果をもたらすものではないと判断されたのです。

さらには治安対策の観点からも部落差別を放置すれば部落民衆が危険な行動をとるから部落差別の撤廃をおこなうべきであるとする意見も、1918年８月の米騒動の後に政治家や行政担当者から出されました。これは部落差別の撤廃どころか、部落民衆は凶暴で暴力的であるという差別意識を煽（あお）るものでした。

そこで全国水平社は部落改善運動や融和運動に頼ることなく、部落民衆自身によってしか解放は実現できないとの確信を持つようになったのです。この考えの背景には、労働者の解放は労働者自身によるべきだとする平野さんの労働運動経験がありました。また平野さんは、第一次世界大戦後のアジア・アフリカ・南アメリカ地域における民族独立運動や民族自決論に影響をうけて、抑圧された者が自主的に独力で立ち上がることこそが重要であると考えるようになっていました。

そして綱領の第１項では、部落差別撤廃ではなく解放という目標が掲げられました。これは大正デモクラシーを象徴する解放という時代思潮に影響され、また労働者解放や民族解放に示唆を受けたものでした。しかし解放という言葉を使ったのは、たんなる部落差別の撤廃という部落だけのことにとどまらず、部落差別をおこなっている社会そのものを変えていこうとする意味も含まれていたのです。

❸ 経済と職業の自由の要求

次に「一、吾々特殊部落民は絶対に経済の自由と職業の自由を社会に要求し以て獲得を期す」という第２項は、部落民衆の生活に関わるものでした。いうまでもなく全国水平社は部落差別に対して闘うことを最大の課題としていましたが、同時に部落民衆の生活に関する諸問題も重視したのです。

「経済の自由」および「職業の自由」とは、部落差別によって強いられている部落民衆の経済生活と職業の差別を解決しようとするものでした。これまで部落改善運動においても経済生活や職業の問題は取り上げられてきましたが、それは主として部落民衆自身の努力のみによるものとされてきました。しかし全国水平社は部落民衆の努力のみでなく、その実現のためには「社会に要求」することが必要であるとしたのです。つまり、「経済の自由」および「職業の自由」を社会的に位置づけたのです。

全国水平社は、「経済の自由」と「職業の自由」が問題となるには社会的にいくつかの原因があると考えていました。そのひとつは、近代になっても容易に解決されない封建的な社会のあり方でした。都市では封建的な考えから部落民衆に対して職業の自由を奪い、皮革業などの伝統的な職業に部落民衆を縛り付けて、また農村では封建的な寄生地主制のもとで、多くの部落民衆は小作人とならざるをえないと考えていました。

しかし全国水平社が重視したのが、資本主義という問題でした。近代の日本は、急速に資本主義を発展させましたが、同時に民衆の貧困や生活苦など多くの問題を生み出しました。部落民衆の生活を守ろうとすれば、必然的に資本主義に立ち向かわざるをえなかったのです。

この綱領を提案した平野さんは、部落民衆は昔もいまも「不自然なる社会組織」すなわち資本主義によって「生活の自由」と「生活の権利」が奪われていると考えていました。そして「吾々は金持万能の痛々しい悪組織、此の横暴非人道な搾取制度の鉄鎖から解放されなければ到底、人間として人間らしく生存することは出来ない」と、資本主義との対決が避けられないことを主張しました。そして、全国水平社として「精神的虐殺より離脱する運動と同時に亦(また)経済の自由、文化生活の平等を社会に要求」することを訴えたのです。

また栗須さんも、この綱領の意義については部落民衆が生活において「一般人民」と同じになることが目的ではなく、資本主義が生み出す「貧富」そのものを消滅させることが「解放」であると説明しました。そし

佐久水平社創立大会に参加した人たち　前列左から２人目平野小剱、３人目が栗須七郎、４人目高橋くら子（部落解放同盟長野県連合会提供）

てそのためには全国水平社が労働者や農民との「一大解放軍を組織」し、無産政党にも加わって「全国的大解放闘争に参加」すべきであると主張しました。

この平野さんや栗須さんの考え方は、明らかに広い意味での社会主義の影響をうけたものでした。しかし平野さんの社会主義は共産党が政権を獲得するという意味での共産主義ではなく、部落民衆や労働者などが経済闘争に専念すべきだという労働組合主義に影響をうけた部落民意識でした。また栗須さんの社会主義も無産政党による政治闘争を認めつつも、あくまでも人間らしく生活することが第一であるという人間主義と一体となったものでした。

④ 人類最高の完成

阪本さんが提案した第３項の「一、吾等は人間性の原理に覚醒し人類最高の完成に向つて突進す」は、全国水平社の人間主義的な主張として注目されるものでした。しかし、この綱領は部落差別と闘う社会運動団体の全国水平社としてはきわめて抽象度が高く、また理念的すぎる内容といえるものでした。

提案者の阪本さんは部落民意識を重視しつつも、創立宣言の起草者である西光さんと共通する人間主義を全国水平社の基本的姿勢とすべきであると考えていました。それゆえに、この綱領は創立宣言と深い関連性をもつものでした。

「人間性の原理」とは分かりづらい抽象的な表現ですが、創立宣言に10回も登場する人間という言葉に照らし合わせると内容が明確になるものでした。すなわち「人間性の原理」とは、創立宣言にいう「人間を尊敬する」や「人間を冒瀆してはならぬ」などと同じ意味であると思われます。部落差別を克服するには、部落民衆であろうと一般民衆であろうと人間を冒瀆せずに尊敬することが基本であることを強調したのでした。

また「人間性の原理」は大正デモクラシーという時代状況を反映して、人間の人格を重視する文化的・思想的動向とも深く関係するものでした。すなわち全国水平社の人間主義は、武者小路実篤さんや倉田百三さんなどに代表される理想主義的な人道主義と共通する主張をおこなったのです。

この「人間性の原理」の延長線上に、「人類最高の完成」が位置づけられました。人間という言葉が社会を構成する単位のレベルとすれば、人類は人間の集合体全体としての類的レベルの言葉であったといえます。すなわち差別の解決には、究極的に人類全体が最高の段階に完成することが必要不可欠であると主張したのでした。

しかし考えてみると、この綱領の第３項は社会運動団体としてはいかにも特異なものでした。いくら差別が人間の基本に関わる問題であり、また理想主義的な人間主義が部落差別を克服する基本的原理であったとしても精神主義に陥る可能性が強く、まるで宗教団体かのような印象を与えかねませんでした。しかし、この三つの綱領によって全国水平社は社会的正義の論理を明らかにし、社会全体に重要な問題提起をおこなうことになったのです。

この綱領については、残念ながら提案者の阪本さんは何も書いていません。しかし平野さんは、この綱領について次のような説明をおこないました。「世界の人類は皆な同胞」であるが人間が人間を差別している間は闘争が絶えず、人間が人間を苦しめることは「人間を瀆す罪悪」であるとしました。そして全国水平社が掲げる「人類最高の完成」は「魂の結合」であるとし、それによって「世界人類の幸福と平和」がもたらされるとして「魂の革命戦」を呼びかけたのです。

栗須さんは、この綱領を「美しい我々の理想」と呼び、人間性を社会生活と文明の発達という両面からあとづけ、これを発展させることへの「正直な、忠実な、真剣な態度」を「人間性の原理」と説明しました。また「人類最高の完成」については、「水平の社会」や「来るべき佳き日」と理解していました。そして「人類最高の完成」によって、人間は「神に近い人間」つまり「超人」「神人」になるとしたのです。

❺ 新しい綱領への変更

全国水平社創立大会で採択された綱領は、1923年３月３日の全国水平社第２回大会でも朗読されました。ところが翌年３月３日の全国水平社第３回大会では綱領の改正が提案され、初めて綱領についての議論にな

1922年２月、同胞差別撤廃大会前後に大阪で撮影
右から泉野利喜蔵、駒井喜作、西光万吉
（水平社博物館提供）

りました。

全九州水平社からいままでの水平社の運動は自力主義ではあったが排他的でもあったので、綱領第３項の「人類最高の完成」の前に「人間相互の理解により」を挿入したいとの提案でした。議論は沸騰（ふっとう）して一度は否決になったものの、全九州水平社から再び同じ提案が緊急動議として提出されました。

しかし全国水平社の幹部である泉野利喜蔵（いずのりきぞう）さんや西光さん、栗須さんが改正の提案は綱領の意義を理解したものではないと反論し、綱領改正委員会に付託となったものの結局は否決になりました。このような議論になったのは、綱領の第３項は抽象的なだけに運動の展開と関連して解釈の幅が大きかったからでしたが、全国水平社関係者や幹部にとっては、創立の思想を象徴する綱領は変えてはいけないものと考えられていたのです。

全国水平社は1924年10月のいわゆる遠島スパイ事件によって大きく混乱し、栗須さんを除いて南さんや西光さんら本部の幹部全員は退陣しました。そして全国水平社本部の共産主義の立場を明確にした人びと、つまりボル派が握るようになり、1925年５月７・８日の全国水平社第４回大会では運動の階級闘争化と組織の中央集権化が進むようになりました。

1926年５月２・３日、全国水平社第５回大会においてボル派から綱領改正の提案がおこなわれました。当初、ボル派は大会直前の中央委員会において、「一切の差別的言行に対する徹底的糾弾」から「無産政党の支持と資本家政党の排撃」までの11項目にわたる具体的な行動の指針ともいうべき綱領案を提案しました。しかしむずかしい文字が多く、硬い文章であるとの批判が出されました。

そして改めて大会には、ボル派が握る本部から少し表現を分かりやすくして5項目に減らした綱領案が提出されました。しかし、これさえも「部落無産者の政治的経済的利害の擁護」など階級闘争を重視した内容であり、また徹底的糾弾など具体的な行動を示すものばかりであり、創立大会において採択された理念的な目標を示した綱領とはまったく異なるものでした。

大会では、綱領について賛成と反対に入り乱れて大論争に発展しました。反対したのは、主として水平社の独自的な運動を重視しようとする無政府主義の立場に立つ人びと、つまりアナ派でした。そしてもっと慎重に議論すべきであると米田さんから法規委員会に付託する提案があり、2日目に法規委員長の西光さんから次の決定された綱領が報告されました。

我等は人類最高の完成を期して左の諸項を遂行す。

一、特殊部落民は部落民自身の行動に依つて絶対の解放を期す。

一、特殊部落民は絶対に経済の自由と職業の自由を社会に要求し以て獲得を期す。

一、我等は賤視観念の存在理由を識るが故に明確なる階級意識の上にその運動を進展せしむ。

新しく作成された第2次綱領は、創立綱領の第3項がボル派的な主張を盛り込んだものに改正されただけでした。ここに人間主義的な特徴をもつ創立綱領第３項「一、吾等は人間性の原理に覚醒し人類最高の完成に向つて突進す」は、階級闘争を象徴する内容に席を譲ることになったのです。

参考文献●『水平』第１巻第１号　1922年７月
平野重吉編『よき日の為めに』関東水平社　1922年
栗須七郎『水平宣言』日本社　1924年
平野小劔「水平運動に走るまで」『同愛』第35号　1926年６月
「(仮称)水平社歴史館」建設推進委員会編『図説水平社運動』解放出版社　1996年
朝治武『水平社の原像』解放出版社　2001年
駒井忠之「全国水平社創立期における阪本清一郎」『水平社博物館研究紀要』第４号　2002年３月
前川修「桜田規矩三―イデオロギー対立に翻弄された全水創立メンバー」水平社博物館編『全国水平社を支えた人々』解放出版社　2002年

綱領

一、特殊部落民は部落民自身の行動によつて絶對の解放を期す

一、吾々特殊部落民は絶對に經濟の自由と職業の自由を社會に要求し以て獲得を期す

一、吾等は人間性の原理に覺醒し人類最高の完成に向つて突進す

General Principles

1. Tokushu Burakumin shall achieve complete liberation through our own actions.
1. We, Tokushu Burakumin, are determined to achieve our demands for complete freedom in undertaking economic activities and in choosing our occupations.
1. We shall awaken to the fundamentals of human nature and march toward highest human perfection.

「全国水平社創立綱領」 全文と英訳(部落解放・人権研究所)

運動方針としての全国水平社創立大会決議

朝治 武

❶ 拍手喝采で可決された決議

今日でも社会運動団体の大会では、最後に大会決議や個別課題についての決議が読み上げられ、拍手で確認されます。いうまでもなく、大会決議は大会の意義と主要課題をまとめたものです。個別課題についての決議は、たとえば憲法改悪阻止やイラク戦争反対など政治状況などに対応して社会運動団体の姿勢や決意を表したものです。そして多くの場合、大会決議や個別課題についての決議は「○○を決議する」で終わる約400字くらいの文章です。

1922年３月３日の全国水平社創立大会では、創立綱領や創立宣言とともに次に掲げる大会決議が採択されました。

決議

一、吾々ニ対シ穢多及ヒ特殊部落民等ノ言行ニヨツテ侮辱ノ意志ヲ表示シタル時ハ徹底的糺弾ヲ為ス。

一、全国水平社京都本部ニ於テ我等団結ノ統一ヲ図ル為メ月刊雑誌『水平』ヲ発行ス。

一、部落民ノ絶対多数ヲ門信徒トスル東西両本願寺ガ此際我々ノ運動ニ対シテ抱蔵スル赤裸々ナル意見ヲ聴取シ其ノ回答ニヨリ機宜ノ行動ヲトルコト。

右決議ス

大正十一年三月

全国水平社大会

この決議は、綱領や宣言のように誰によって考えられたものなのか明らかでありませんが、２月28日に綱領や宣言とともに全国水平社創立関係者によって作成されました。そして、この決議は宣言の朗読と採択の後に、米田富さんによって朗読されました。米田さんは奈良の五條で生まれ、全国水平社創立関係者のなかでは21歳と最も若い年齢でした。『水平』第１号によると、決議を朗読する米田さんの声は「凛々(りんりん)たる聲(こえ)」、つまり感動に震えおののくかのようなものであったと記しています。また朗読の後は「満場総立(こぞ)つて起立可決、拍手喝采(かっさい)満堂を圧した」と記されているように、圧倒的な支持を得て採択されたのです。

決議は、３項目と簡潔なものでした。綱領も３項目と同じですから、よほど全国水平社創立関係者は３という数字が好きなのでしょうか。それとも本当に大事なことは３項目だった、もしくは３項目が覚えやすいと考えたのでしょうか。また綱領や宣言がひらがなだったのに対して、決議はカタカナが使われました。ひらがなよりカタカナのほうが、力強くしまった感じがします。決議は強い意志を示すためのものだという考えであったため、カタカナを用いたのでしょう。

そして何よりも今日の決議とちがって、全国水平社創立大会の決議は当初から運動方針として作成されたということです。綱領が目標を示し、宣言が理念を示すものであったとすると、決議は具体的な行動のための運動方針を示すものであったのです。しかも多少は異なるものの創立大会をはじめ第２回および第３回大会でも全国水平社連盟本部による決議が討論もなく即座に採択されたことからすると、決議は全国水平社として全体が忠実に実行すべき、共通に実行すべき運動方針であったということがいえます。

❷ 差別に対する徹底的糺弾の闘い

全国水平社創立大会で採択された決議の第１項「一、吾々ニ対シ穢多及ヒ特殊部落民等ノ言行ニヨツテ侮辱ノ意志ヲ表示シタル時ハ徹底的糺弾ヲ為ス。」は第２回・３回大会ではひらがなになり、また「穢多」が「エタ」に変わるなど多少の表現の違いがありましたが、基本的には一貫したものでした。この決議に示された徹底的糺弾こそ、全国水平社の運動を特徴づけるものでした。

しかし徹底的糺弾の糺弾という用語は何も全国水平社が作り出したものではなく、罪を厳しく問い糺（ただ）すという意味で一般的に使われていたものでした。全国水平社創立以前にも差別に対して抗議するという意味での、実質的な糺弾はありました。しかし全国水平社創立から部落民衆に対して「穢多及ヒ特殊部落民等ノ言行ニヨツテ侮辱ノ意志ヲ表示シタ」場合には罪として認識し、その言動を問い糺すという意味で自覚的に「糺弾」が使われ、その上に「徹底的」を付け加えることによって差別に対して妥協しないことを明確にしたのです。

決議は全国水平社創立関係者全員によって作成されたと書きましたが、具体的には誰が糺弾という用語を提案したかが気になります。全国水平社創立から60年も過ぎた頃、阪本清一郎さんは福田雅子さんのインタビューに対して、「糺弾ということばは、結局、私が出したんですがね。西光君は手をたたいて、一番いいと言うてね」と語っています。阪本さんの証言は確かかもしれませんが、私は思想や個性から判断して平野小劔さんの可能性もあると考えています。

それはさておき、全国水平社創立まで多くの場合、部落民衆は差別的な言動に対して泣き寝入りの状態でした。しかし、この徹底的糺弾を明確にした決議によって全国水平社のもとに集まった部落民衆は差別的な言動をおこなった者であれば誰であろうと、厳しく部落差別の罪を問い糺すようになったのです。また、この徹底的糺弾は部落改善運動や融和運動など部落差別に関係する運動にまったくない、きわめて新しい運動のあり方を示すものでした。

徹底的糺弾の思想的背景になったのは、綱領の第１項に示された誰にも頼らず部落民自身の行動によって解放を実現するという自主解放の精神に象徴される部落民意識でした。これによって全国水平社は、差別した者に対して徹底的に糺弾するという闘いを展開するようになったのです。しかし同時に具体的には語られないものの、徹底的糺弾は差別した者に人間性を取り戻させるという意識も働いていました。すなわち、これが綱領の第３項に示される人間主義でした。

全国水平社は、全国各地で徹底的糺弾の闘いを繰り広げました。そして差別した者から口頭で謝罪させたり謝罪状を提出させたりし、また新聞に謝罪広告を載せさせることもありました。その結果、あからさまに部落民衆に対して差別的な言動をおこなう者は少なくなっていきました。しかし、しばしば差別した者は非を認めずに居直ることもあったため、部落民衆は部落差別に対する怒りから暴力的行為にいたることもありました。そして、警察も全国水平社の徹底的糺弾を社会の秩序を乱す暴力的なものであると危険視し、厳しく取り締まろうとしました。

❸ 団結と統一を図るための機関誌『水平』

決議の第２項の「一、全国水平社京都本部ニ於テ我等団結ノ統一ヲ図ル為メ月刊雑誌『水平』ヲ発行ス。」は、全国水平社に参加する部落民衆の統一と団結を促進するために不可欠な存在として、機関誌の必要性を確認したものでした。そして全国水平社創立関係者は全国水平社創立以前に、その機関誌の名前を『水平』と決めていたのです。

全国水平社の幹部は、全国水平社が創立されてから早急に『水平』を

水平社リーフレット（一）

人間にかへれ

水平社リーフレット『人間にかへれ』
（大阪人権博物館所蔵）

発行する予定でした。しかし全国水平社創立直後に各地から演説会への弁士の派遣が殺到し、幹部は演説会に行かなければなりませんでした。『水平』第１号によると、多くの全国水平社幹部は３月９日から４月末まで大阪や京都、奈良の演説会で弁士として奔走したのです。

創立大会で『水平』の発行を決議していただけに、各方面から発行はまだかという催促の声が届くようになりました。そこで幹部は『水平』ができるまで全国水平社の趣旨を広めるための印刷物が必要であると考えて、４月下旬に『人間にかへれ』というリーフレットを発行しました。しかしリーフレットでは、決議を実行することになりませんでした。そこで幹部のうち『水平』の編集を担当する人びとは意を決し、５月１日から９日まで連盟本部がおかれた中央執行委員長の南梅吉さんの自宅に泊まり込んで作業をおこなったのです。

編集を担当したのは全国水平社幹部の米田さんをはじめ駒井喜作さんや西光万吉さん、平野小劔さん、それに東京から駆けつけた輪池越智というペンネームをもつ楠川由久さんらでした。楠川さんは、奈良県五條の部落出身でした。責任者は出版部長の米田さんが務めましたが、編集の中心となったのは印刷工であり労働組合の機関誌の編集経験がある平野さんでした。

『水平』第1巻第1号は、ようやく7月13日に発行されました。表紙には荊冠（けいかん）が描かれ、水平の意味のエスペラント語も入れられました。また本文は111頁とりっぱなもので「創立大会号」と名づけられ、出版部長の米田さんが編集発行人となりました。定価は通常は30銭と決められましたが、この号にかぎっては50銭とされました。

水平社創立間もない頃　後列左から楠川由久、平野小劒、前列左から阪本清一郎、西光万吉（水平社博物館提供）

発行については資金が必要でしたが、南さんの知り合いの浅田義治さんから借り入れた300円を充てました。印刷部数は3000冊で、１冊売れると16銭の利益になりました。そして全部が売れると1000円を上回り、純利益は約500円になるものと見込みました。現在のお金に換算すると、1000倍の約50万円になります。このほかに10頁にわたる広告もあり、大きな収入源となりました。

『水平』に掲載する文章は、ほとんどを全国水平社幹部が分担して書きました。１頁分の巻頭言である「歴史は解放の過程」は西光さんが書き、巻頭論文は阪本さんが中央執行委員長の南さんの名で書いた「改善事業より解放運動」でした。また全国水平社創立に大きな影響を与えた共産主義者で早稲田大学の教授であった佐野学（さのまなぶ）さんの「特殊部落民解放論」をはじめ、無政府主義者の伊藤野枝(いとうのえ)さんや新聞記者の荒木素風さんの文章も載せられました。

第２号は11月28日に出され、ほとんどの文章は全国水平社の関係者でした。第１号で予告されたように「伝説と残虐史」と特集名がつけられ、水平運動に関する文章などとともに部落差別に関わった物語などが載せられました。『水平』は、本来は毎月１回の月刊誌として発行を予定されていました。しかし資金難のため第２号しか出されませんでしたが、この動きは1924年６月の『水平新聞』につながっていきました。

④ 東西両本願寺への抗議行動

第３項の「一、部落民ノ絶対多数ヲ門信徒トスル東西両本願寺ガ此際我々ノ運動ニ対シテ抱蔵スル赤裸々ナル意見ヲ聴取シ其ノ回答ニヨリ機宜ノ行動ヲトルコト。」は、全国水平社創立大会決議のなかでも最も具体的なもので、しかも社会運動団体としては珍しい宗教に関わるものでした。「赤裸々ナル意見」という表現からは東西両本願寺に対する不信感がただよい、そのために「機宜ノ行動」といいつつも好意的な対応を期待したものではなく、明らかに抗議の意志が感じられるものでした。

創立大会の翌日である３月４日に早速、中央執行委員長の南さんをはじめ阪本さんや西光さん、駒井さん、米田さん、平野さんが東西両本願寺を訪れ、決議に基づいて全国水平社の運動に対する対応を求めました。東本願寺は全国水平社の趣旨に共鳴し、できるかぎり後援するという意見でした。また西本願寺は全国水平社と相談し、相互の理解のうえで努力したいという意見でした。しかし東西両本願寺とも部落差別は僧侶や門徒らの個人の問題であり、教団のあり方とは考えていませんでした。これは明らかに、全国水平社が期待した対応ではありませんでした。

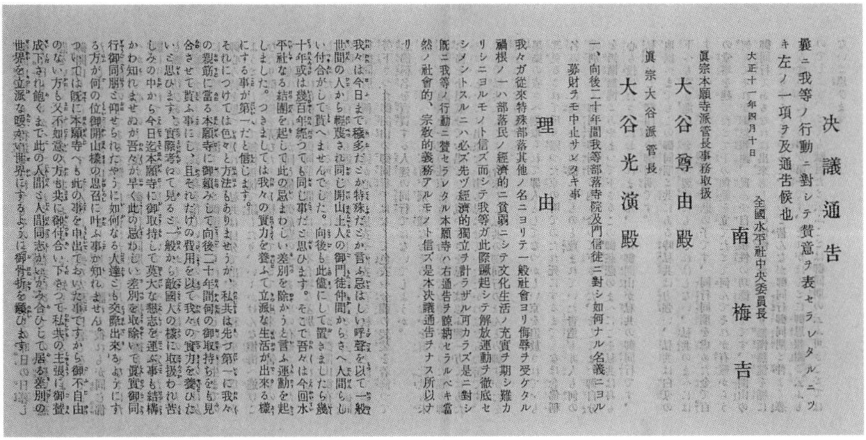

決議通告

擧ニ我等ノ行動ニ對シテ賛意ヲ表セラレタルニツキ左ノ一項ヲ及通告候也

大正十一年四月十日

全國水平社中央委員長　南梅吉

眞宗本願寺派管長事務取扱　大谷尊由殿

眞宗大谷派管長　大谷光演殿

一、向後二十年間我等部落寺院及門信徒ニ對シ如何ナル名義ニヨル募財ヲモ中止サレタキ事

理由

我々ガ從來特殊部落其他ノ名ニヨリテ一般社會ヨリ侮辱ヲ受ケタル禍根ノ一ハ部落民ノ經濟的ニ貧弱ニシテ文化生活ノ充實ヲ期シ難カリシニヨルモノト信ズ而シテ我等ガ此際蹶起シテ解放運動ヲ徹底セシメントスルニハ必ズ先ヅ經濟的獨立ヲ計ラザル可カラズ是ニ對シ旣ニ我等ノ行動ニ賛セラレタル本願寺ハ右通告ヲ諒納セラルベキ當然ノ社會的、宗教的義務アルモノト信ズ是本決議通告ヲナス所以ナリ

我々は今日まで穢多だとか特殊だとか言ふ忌はしい呼聲を以て一般世間の人から輕蔑され同じ開山上人の御門徒仲間からさへ人間らしい付合がして貰へませんでした。向後も此儘にして置きましたら幾十年或は幾百年經つても同じ事だと思ひます。そこで吾々は今回水平社なる結團を起して此の忌まわしい差別を除かうと言ふ運動を起しました。つきましては我々の實力を養ふて立派な生活が出來る樣にする事が第一だと信じます。

それにつけては色々と方法もありませうが、私共は先づ第一に我々の親節に當る本願寺に御頼みして向後二十年間何の御取持ちをも見合させて貰ふ事にし、且それだけの費用を以て我々の實力を養ひたいと思ひます。實際考へて見ると一般から敵國人の樣に取扱われ苦しみの中から今日迄本願寺に御取持して莫大な懇志を運ぶ事も結構かわ知れませぬが吾々が早く此の忌わしい差別を取除いて眞實御同行御同朋と仰せられたやうに如何なる人達とも交際出來るようにする方が何の位御開山樣の思召に叶ふ事か知れません。

ついては既に本願寺へも此の事を申出ておいた事ですから御不自由のない方も又不如意の方も共に御付合い下さつて私共の主張に御贊成下され飽くまで此の人間と人間同志が睨み合ひして居る差別の世界を立派な暖かい世界にするように御骨折を願ひます

東西両本願寺への通告（水平社博物館所蔵）

そして４月10日、全国水平社は中央執行委員長である南さんの名で、これから20年間にわたって東西両本願寺は部落の寺院や門徒に対してどんな名義の募財も中止すべきことを通告しました。これは要望や依頼ではなく通告という厳しい形式がとられ、しかも東西両本願寺は当然の社会的・宗教的義務として実行すべきことを強調したものでした。

全国水平社が東西両本願寺に対して募財の中止を通告した理由は、部落民衆の経済的貧困でした。部落民衆の約８割が浄土真宗に帰依し、たび重なる東西両本願寺から募財という名の金品寄付の強要は、ただでさえ苦しい部落民衆の生活を圧迫していたのです。そして全国水平社は部落民衆に対しては檄文（げきぶん）を発し、東西両本願寺からの募財の要求が開祖である親鸞（しんらん）の精神に反するものであることを訴えました。

そういえば全国水平社創立関係者の一人である西光さんは西本願寺の部落寺院に生まれ、僧籍をもっていました。深く浄土真宗の教義に通じていた西光さんにとって、東西両本願寺は宗教の本来の姿からかけ離れたものであるばかりでなく、部落民衆に対してはきわめて差別的な教団に見えたのです。事実、東西両本願寺には寺院や僧侶に厳しい階層があり、部落寺院やその僧侶は最下層に位置づけられていたのです。しかし東西両本願寺は、全国水平社に対して無視するばかりでした。

このような東西両本願寺の不誠実な態度に対して、1923年1月8日に奈良の部落寺院の僧侶である広岡智教さんは、部落寺院の僧侶に呼びかけて黒衣同盟(こくえどうめい)を結成しました。黒衣同盟は全国水平社の主張に沿って東西両本願寺に募財の中止を求め、差別を否定していた親鸞の精神に戻ろうとしたのです。

全国水平社は第2回大会でも決議の第2項に「一、東西両本願寺に対する募財拒絶の断行を期す」を掲げ、募財の中止要求ではなく募財拒絶を断行するという自らの実行すべき課題に変更しました。さらに第3回大会では決議の第2項に「一、東西両本願寺に対する募財拒絶の断行を期し併せて解放の精神を麻痺(まひ)せしむるが如き一切の教化運動を排す」と、教団の活動そのものが部落解放にとって妨害物以外の何物でもないことを強調するにいたったのです。

参考文献●『水平』第1巻第1号　1922年7月
福田雅子『証言・全国水平社』日本放送出版協会　1985年
藤野豊『水平運動の社会思想史的研究』雄山閣出版　1989年
「(仮称)水平社歴史館」建設推進委員会編『図説水平社運動』解放出版社　1996年
朝治武『水平社の原像』解放出版社　2001年
水平社博物館編『新版・水平社の源流』解放出版社　2002年

著者紹介

守安敏司（もりやす・としじ）水平社博物館館長

藤田 正（ふじた・ただし）評論家、音楽プロデューサー

朝治 武（あさじ・たけし）大阪人権博物館学芸課長

水平社宣言・解放歌

2005年10月25日　初版第1刷発行
2006年12月18日　初版第2刷発行

著者　守安敏司　藤田 正　朝治 武

発行　株式会社 解放出版社
〒556-0028　大阪市浪速区久保吉1-6-12
TEL06-6561-5273　FAX06-6568-7166
〒101-0051　東京都千代田区神田神保町1-9
TEL03-3291-7586　FAX03-3293-1706
http：// kaihou-s.com

ブックデザイン　森本良成

印刷所　株式会社NPCコーポレーション

ISBN4-7592-5131-6　NDC361.86　78P　21㎝

落丁・乱丁はおとりかえいたします。

CD 水平社宣言・解放歌　blp-002　STEREO/MONO

1 解放歌　音楽行動隊（『きょうだい』より）　5：13
作詞/柴田啓蔵　原曲/「ああ玉杯に花うけて」

2 母は闘わん　音楽行動隊（『きょうだい』より）　1：52
作詞・作曲/作田晃

3 差別裁判うちくだこう　音楽行動隊（『きょうだい』より）　2：52
作詞・作曲/作田晃

4 水平歌～農民歌～革命歌　ソウル・フラワー・モノノケ・サミット
（『レヴェラーズ・チンドン』RES21より）　3：39
作詞/水平歌・柴田啓蔵～農民歌・満友万太郎～革命歌・簗比地仲助
原曲/「ああ玉杯に花うけて」

5 解放歌（伴奏のみ）音楽行動隊（『きょうだい』より）　2：15

6「水平社宣言」朗読　伊藤惣一　3：09

音楽行動隊　山本隆俊　エレキトリックギター・フォークギター
中原一行　ピアノ・エレキトリックピアノ・ハーモニカ
野尻修一　エレキトリックギター・パーカッション
大北規句雄　エレキトリックベース
山本義教　ドラム・パーカッション
手束光子　ピアノ・エレクトーン
金田満寿代　ピアノ・エレクトーン
岩井武則　サクソホーン
清原和典　フォークギター・ボーカル
作田　晃　ボーカル
上林孝三　ボーカル
前田　功　ボーカル
山本千里　ボーカル
中村信彦　ボーカル

SOUL FLOWER MONONOKE SUMMIT（ソウル・フラワー・モノノケ・サミット）
中川　敬　ボーカル・三線・ドラ
伊丹英子　チャンゴ・三板・囃子・ボーカル・シンバル
奥野真哉　アコーディオン・囃子
河村博司　エレクトリックアップライトベース・囃子・ゴロス
内海洋子　チンドン太鼓・囃子
大熊　亘　クラリネット・ソプラノサックス・木魚＆磬
高木太郎　和太鼓・シンバル